水路交通
高端智库分类与制度设计

潘文达　编著

人民交通出版社股份有限公司
北　京

内 容 提 要

本书将水路交通高端智库的分类标准分为具象标准和科学标准。从纵向应用研究和横向综合研究两个维度，建立了水路交通高端智库分类体系坐标图，阐述了各类智库的转化和演变规律。本书以智库的定义和内涵为切入点，系统分析了独立性和非营利性智库的特征，回答了应该建设怎样的智库和如何才能有效发挥智库作用等有关问题。

本书的研究成果对于加快落实交通运输部《关于促进交通运输新型智库发展的实施意见》、提高水路交通高端智库建设水平和国际影响力、更好地发挥决策参谋作用具有重要参考意义，本书适合水路交通从业人员和水运专业院校师生学习参考。

图书在版编目（CIP）数据

水路交通高端智库分类与制度设计 / 潘文达编著. —北京：人民交通出版社股份有限公司，2020.12

ISBN 978-7-114-16898-7

Ⅰ.①水… Ⅱ.①潘… Ⅲ.①水路运输管理—研究—中国 Ⅳ.①F552.3

中国版本图书馆CIP数据核字(2020)第199297号

Shuilu Jiaotong Gaoduan Zhiku Fenlei yu Zhidu Sheji

书　　名：水路交通高端智库分类与制度设计
著 作 者：潘文达
责任编辑：陈力维　刘楚馨
文字编辑：张　淼
责任校对：孙国靖　宋佳时
责任印制：张　凯
出版发行：人民交通出版社股份有限公司
地　　址：（100011）北京市朝阳区安定门外外馆斜街3号
网　　址：http://www.ccpcl.com.cn
销售电话：（010）59757973
总 经 销：人民交通出版社股份有限公司发行部
经　　销：各地新华书店
印　　刷：北京虎彩文化传播有限公司
开　　本：787×1092　1/16
印　　张：9.75
字　　数：191千
版　　次：2020年12月　第1版
印　　次：2020年12月　第1次印刷
书　　号：ISBN 978-7-114-16898-7
定　　价：40.00元

前言

改革开放以来，我国智库建设得到了快速发展，规模数量跃居世界第二，参与决策的能力和水平不断提高，有力支持了经济社会发展。但是我国智库发展质量仍然不高，国际影响力和话语权与智库大国的地位很不相称。同时，交通运输智库更显不足，在全国最有影响力的智库中鲜见其身影。为了加快交通运输智库发展，交通运输部发布了《关于促进交通运输新型智库发展的实施意见》(简称《实施意见》)。为了配合这一意见的实施，交通运输部水运科学研究院开展了《水运高端智库建设方案研究》。作者根据《实施意见》的要求并结合有关研究和调研资料，编写了《水路交通高端智库分类与制度设计》一书。

本书主要内容包括：智库的定义与内涵，国外智库及经验借鉴，中国智库及发展经验，中国水路交通高端智库的分类、建设的必要性、建设的条件和需求分析、建设的原则和目标、建设任务和制度设计，以及政策建议和保障措施等。

本书根据对国内外智库类型及建设经验的分析，认为传统的圈层结构分类方法不利于智库健康发展。主张按照定位清晰、层次明确、注重素质、体系稳定、易于把控、有利发展的分类原则，把水路交通高端智库分类标准分为具象标准和科学标准。从纵向应用研究和横向综合研究两个维度，建立了水路交通高端智库分类体系坐标图，阐述了各类智库的转化和演变规律。依据科学分类标准，把水路交通高端智库分为综合研究型智库、战略型智库、策略型智库、政策型智库、专业特色型智库、专业研究型智库、专业学术型智库、复合学术型智库 8 种类型。

本书以智库的定义和内涵为切入点，系统分析了独立性和非营利性智库的特征，研究了应该建设怎样的智库和如何才能有效发挥智库作用等有关问题。提出了水运高端智库建设的指导思想、原则、功能、定位和发展目标。从水路交通高端智库、行业组织、国际智库联盟三个层面，探讨了水路交通高端智库的建设模型和建设任务，以及国际水路交通高端智库联盟的建设模型。从内部制度和行业管理制度两个维度，设计了水路交通高端智库的制度体系。从政策环境、管理环境、社会环境三个方面，提出了水运高端智库建设的保障措施。

总之，本书的研究成果对于加快落实交通运输部《关于促进交通运输新型智库发展的实施意见》，提高水路交通高端智库建设水平和国际影响力，更好地发挥决策参谋作用具有重要参考意义。

目录

第1章
智库的定义与内涵

当今世界，政治经济发展轨迹正在面临前所未有的重大转折，受大国博弈、贸易保护主义、内生增长动力弱化和新冠病毒疫情影响等多重拖累，全球形势的不确定性加剧，迫切需要智库提出专业性的意见、发出权威性的声音、提供独立性的判断。中国作为世界第二大经济体，已经提出了建立人类命运共同体和建设"一带一路"的倡议，需要智库用全人类听得懂的语言和用大家都能够接受的价值体系讲述中国故事和中国方案。在国内随着"交通强国""粤港澳大湾区"等国家重大战略的实施，需要智库发挥政策解读、政策评估、影响舆论、服务社会和国际交流的作用。在水路交通领域需要水路交通高端智库提供真知灼见、推动科学决策。然而智库是什么？什么样的智库才能发挥应有的作用呢？

1.1 智库的概念与内涵

1.1.1 智库的概念

智库一词最早出现在"二战"期间的美国，最初也称"思想库"。1964年被用以取代"智囊"一词，即智囊机构、智囊团。现代意义上的智库（Think Tank）出现的时间较短，至今并未形成统一权威的定义。但各界对于智库研究领域、研究目标和价值导向的认识基本相同，即：智库主要是以决策支持（或政策影响）为研究目标，以公共政策（或战略）为研究对象，以公共利益为价值导向，以社会责任为研究准则的专业研究机构。

随着西方现代智库迅猛发展，对其概念和内涵研究也逐渐增多。西方学者的界定颇有分歧，较为典型的观点是：第一，从功能角度看，智库"是一种稳定的相对独立的政策研究机构"（Paul Dickson，1971）。第二，从组织形态角度看，智库"是一种组织设置，企业、政府或富人支付相关费用，以获得相关的研究方案"（Peter Kelley，1988）。第三，从非营利性角度看，智库"是独立的、不以利益为基础的非营利的研究组织"（Andrew Rich，2004）。第四，从独立性角度看，智库"是独立于政府之外的组织，认为大学附设的研究机构和政府部门内设的政策研究机构不属于智库"（Carol H.Weiss，1990）。可见，在西方学者看来，智库是参与政策过程的政策研究机构，是独立于政府、政党和利益集团之外的非营利组织。通常意义上是指：公共政策的研究机构或组织，由多学科专家组成的，为决策者在处理社会、经济、科技、军事、外交等国内和国际问题，提供政策导向性研究、分析、咨询以及最佳理论、策略、方法、思想等，促使政策制定者以及公众在政策制定上做出更加明智的决策，是影响政府决策和推动社会发展的一支重要力量。

美国宾夕法尼亚大学发布的《全球智库报告》将"智库"定义为："主要从事国际或国内问题的公共政策导向性研究、分析和咨询，以使政策制定者与公众在政策制定上做出更加明智决策的机构或组织。"智库可以是附属的或者完全独立的永久机构，但不是特设委员会。智库经常被视为学术和政策制定之间、国家和公民社会之间沟通的桥梁，它作为一种独立的声音服务于公众的利益，将基础性和应用性的研究成果转化为公众或者政策制定者可以理解的、可以凭借的、可以接受的语言[1]。

建立智库组织越来越成为一种全球现象，原因在于它作为沟通学术与权力的桥梁在政府和公民社会之间所扮演的角色至关重要。西方一些媒体认为，智库是继立法、行政、司法、媒体后的"第五种权力"，是构成国家"软实力"的重要组成部分。

中国学者对智库内涵的界定则带有浓厚的中国特色。第一，沿袭西方学者对智库内涵的解读，认为智库是"一种相对稳定的独立于政治体制之外的政策研究和咨询机构，是政策制定过程中一个重要的参与者"（朱旭峰，2004），"以影响公共政策为宗旨的政策研究机构"（薛澜，2009）。第二，结合对中国特色新型智库的解读加以阐释，认为中国特色新型智库应重点把握好"中国特色"和"新型"两个关键词（曾培炎，2014），"智库主要是指以战略问题和公共政策为研究对象，以公共利益为研究导向，以服务党和政府科学民主依法决策为研究目标，以社会责任为研究准则的专业研究机构"（上海社会科学院智库研究中心，2015）。第三，结合以上两种观点解释智库的内涵，认为"智库是以公共政策为研究对象，以科学研究为手段，以影响决策为目的的非营利性研究咨询机构"（栾瑞英，初景利，2017）。

习近平总书记在2012年中央经济工作会议上，明确提出要健全决策咨询机制，按照服务决策、适度超前原则，建设高质量智库。首次提出"建设中国特色新型智库"的目标，并视之为国家战略。十八届三中全会《中共中央关于全面深化改革若干问题的决定》，再次明确

[1] James G.McGann.2019 Global Go To Think Tank Index Report[R]. University of Pennsylvania，2020-1-27.

提出“加强中国特色新型智库建设，建立健全决策咨询制度”的改革部署。中共中央办公厅、国务院办公厅印发的《关于加强中国特色新型智库建设的意见》指出：“中国特色新型智库是以战略问题和公共政策为主要研究对象、以服务党和政府科学民主依法决策为宗旨的非营利性研究咨询机构，应当具备以下基本标准：（1）遵守国家法律法规、相对稳定、运作规范的实体性研究机构；（2）特色鲜明、长期关注的决策咨询研究领域及其研究成果；（3）具有一定影响的专业代表性人物和专职研究人员；（4）有保障、可持续的资金来源；（5）多层次的学术交流平台和成果转化渠道；（6）功能完备的信息采集分析系统；（7）健全的治理结构及组织章程；（8）开展国际合作交流的良好条件等。”

1.1.2 智库与咨询机构的区别

智库主要以决策支持（或政策影响）为研究目标，以公共政策（或战略）为研究对象，以公共利益为价值导向，以社会责任为研究准则，以独立性和非营利性为宗旨，以影响力为评价标准。

咨询机构主要以为企业高层解决重大管理问题为咨询目的，以企业战略、组织、运营、建设和政策执行为服务对象，以企业利益为价值导向，以提高企业竞争力为咨询准则，以营利和企业效益为宗旨，以竞争力为评价标准。

咨询的现代意义是指来自个体和组织外部的专业化技能，它以专门的知识、信息、经验为资源，针对不同的用户需求，提供解决某一问题的方案或决策建议。咨询一词，在汉语中有商量、询问、谋划和征求意见的含义。最初，咨和询为两词，咨表示商量，询表示询问。咨询业是对第三产业中以咨询服务为特点的各种行业的总称，是一种智力密集型的知识服务性产业。因其特点为智力型服务，也被人们称为“头脑产业”，请专家咨询被称为“借脑”。在英语中，与之相对应的是动词 consult 和名词 consultation，法文为 consulter，来源于拉丁文 consulto，意为磋商、顾问、评议、诊断、了解意见等。还有国外学者从行为学的观点出发，将咨询称作是一种“介入”和“干预”。在日本，人们称咨询为“诊断”。1972 年英国出版《牛津辞典》给咨询人员所下的定义是“胜任提供专业建议和服务的人”。1982 年美国出版的《咨询工程师》一书为从事工程咨询的工程师所下的定义是“咨询工程师是在计费的基础上，为客户提供专业工程服务的独立的专业工程师”“他们出卖的是服务、知识和判断”。

目前，我国关于咨询一词存在概念不清、使用过多（过滥）的问题，带有明显的随意性、偏好性、主观性，缺乏符合逻辑规则并具有规范性质的科学分类。最明显的就是咨询与智库存在着概念上的较大重叠，在词语使用上和专业分类上常常产生混淆。出现上述问题的原因：一是智库和咨询公司都可以从事政策咨询；二是许多事业性质的智库虽然挂着政府智库的名字，但由于从政府获得的资助不足以支付成本费用，只能通过市场营利获得补偿；三是国家统计系统也没有建立一整套准确、完整的智库、咨询产业统计指标体系；四是新闻媒体对智库、咨询行业的报道概念不清，措辞不够严谨，导致智库、咨询业相关概念在大众层面进一步失去规范。

宾夕法尼亚大学《全球智库报告》把智库分为七大类，即：自治或独立智库、准独立智库、官方附属智库、准官方智库、党派附属智库、企业智库。所谓企业智库，是指以商业营利业务为对象的政策研究机构，一般附属于从事商业营利业务或者自身就是以盈利为目的的机构，企业智库在组织结构上与政府研究机构类似[1]。

智库与咨询不同。一方面，智库与咨询的区别关键在于是否传授新思想和新方法。咨询包括政策咨询、工程咨询、技术咨询、管理咨询、专业咨询等，侧重于传授经验和技术。其中工程咨询、技术咨询、管理咨询、专业咨询等主要面向企业而非公共政策，属于大部分咨询公司可以经营的范围。政策咨询中的公共政策咨询属于智库研究咨询的内容，在这一点上智库与咨询存在重叠，但是二者仍然不能画等号。虽然智库与咨询机构都可以从事公共政策研究，但是对于公共政策研究的深度、视角的高度和影响力不同，智库明显处于更高层次，否则，智库就会沦为一般政策咨询公司。智库注重社会影响力，而咨询注重于经济效率或者效益。

另一方面，智库与咨询的区别还在于是否营利。所谓非营利是以其组织的活动和服务内容为限筹集资金，而不需向发起人和组织所有者上缴利润，亦不需缴纳税费。非营利机构或非牟利机构（Non-Profit Organization，NPO）是指不为组织所有者营利为目的的组织，它的目标通常是支持或处理个人关心或者公众关注的议题或事件，因此所涉及的领域非常广，从艺术、慈善、教育、政治、宗教、学术、环保等方面，分别担任起弥补社会需求与政府供给间的落差。通俗一点讲，非营利机构类似于我国的事业单位，有比较充足的经费来源，能够专心致志地做研究。所不同的是，中国事业性质智库的经费全部来自政府财政，渠道比较单一，其服务对象也比较单一；中国非事业性质的智库经费则比较紧张，为了生存就很难全力以赴从事缺少经济收益的智库研究。而国外非营利智库的经费来源除了有政府资助外，更多的是来自社会捐助或者会员资助，经费渠道丰富，服务对象也比较多，因此所持立场也比较公正。实际上非营利组织的运作与企业一样都需要产生利益，但区别在于非营利组织是为组织倡导的服务对象和服务内容而产生利益，这一点通常被视为这类组织的主要特性。然而，有专家认为将非营利组织和企业区分开来的最主要差异是：非营利组织受到法律或道德约束，不能将盈余分配给拥有者或股东，因而具有独立、公共、民间等特性。因此，今日社会中，非营利组织有时亦称为第三部门，与政府部门（第一部门）和企业界的私部门（第二部门），形成第三种影响社会的主要力量。非营利组织也需要产生经济效益，以提供其活动的资金。

[1] James G.McGann.2019 Global Go To Think Tank Index Report[R]. University of Pennsylvania，2020-1-27.

但是，其收入和支出都是受到限制的。非营利组织因此往往由公、私部门捐赠来获得经费，而且经常会处于免税的状态，私人对非营利组织的捐款有时还可以扣税。慈善团体是非营利组织的一种，而非政府组织也可能同时是非营利组织。咨询机构多数为企业性质，必须以营利为目的，而且许多咨询公司营利能力很强、规模很大，有的已经成为上市公司。因此，是否营利是区分智库与咨询机构的重要指标。

1）智库为什么要有影响力

子贡问政。子曰:“足食，足兵，民信之矣。”子贡曰:“必不得已而去，于斯三者何先？”曰:“去兵。”子贡曰:“必不得已而去，于斯二者何先？”曰:“去食。自古皆有死，民无信不立。”孔子认为，治理一个国家，应当具备三个起码条件：食、兵、信。但这三者当中，信是最重要的。只有兵和食，而百姓对统治者不信任，那这样的国家也就不能存在下去了。

智库是国家政府立信于民的决策机构，因此，智库本身也要有“信”。智库的“智”表现为专家团队和研究人才的智慧，是智库存在和发展的基础；“信”是智库具有众多的令人信服且被决策者采纳的建议和研究成果，体现为对政府和社会的影响力。智库借政府之手发挥其对社会的思想影响，故而智库的影响力是其赖以生存和产生价值的重要源泉。

2）智库以影响政府决策为首要目标

成功的智库，固然需要具备先进的研究设施、信息网络等硬件支持，更需要超凡脱俗的洞察能力、思维能力和分析能力，形成引领社会思潮的思想宝库。因此，智库又称为“思想库”。为了达到影响政策形成与调整的目的，智库的产品往往需要：既有研究深度，也有时效性；既有经久弥新的学术研究专著，也有短小精致的政策咨询报告；既注重智库产品的质量，更重视智库成果的推广。因此，可以把是否有新思想、是否有被决策层采纳的政策建言、是否与媒体及公众保持互动关系，视为衡量一个智库能否获取成功的标志。

3）智库的主要业务内容是政策研究

智库的主要研究手段，除了依据既有的模型和方法进行逻辑推理和经验判断之外，还有调查研究和方法创新。是以经世致用的公共政策研究为主，或者是以学术研究为支撑的决策咨询研究，而不是纯学术研究。因此，智库一般不以纯学术研究和学科建设为己任，而是侧重于对各类公共政策问题的关注，强调时效性、实用性和对策性，这是智库有别于大学和其他科研院所的显著特征。但强调智库的政策导向，并不意味着政策研究可以脱离学术研究，智库的学术研究是为了更好地开展政策研究，为政策研究服务。近年来，出现了一些大学的附属机构和二级学院开始利用原有的学术研究优势，以内部刊物、专家座谈等各种形式影响政府决策的发展趋势，也属于智库。

4）智库具有独立性和专业特色

智库以独立性和专业特色开拓属于自己的生存空间。独立性确保了研究成果的客观性、公正性与权威性，并同“政治游说者”和“利益代言人”等角色相区别。一般而言，智库经费来源的多元化是确保独立性的前提条件，但经费来源的单一化并不必然使智库失去独立性，依然可以提出中立的决策建言，以增强影响力。与西方国家不同，中国特色新型智库大多受国家财政资助，因此，中国是典型的官方智库占比较高的国家。而民间智库的兴起和日趋激烈的竞争，则在一定程度上对官方智库的独立性提出了更高的要求。此外，智库的专业特色则是智库专业化的结果，每个智库都应该具有难以替代的属性，即各自所擅长不同的研究领域。

5）智库作为社会组织需要依靠集体智慧

智库属于社会组织，应具有相对稳定的组织框架、固定的工作地点和长期运作能力，一些临时性的机构，如为某些政策决策而专门设立的专家论证小组或委员会等，虽然也是一种具有决策咨询服务功能的组织，但不能纳入智库范畴。智库以集体的智慧服务于决策机构，通过发挥组织智商实现既定目标，即通过专家、学者的聚集产生集体智慧成果服务于或者影响决策者。必要时，还就某些特定公共政策问题的对策建议，邀请不同知识背景和意识形态的专家，以召开研讨会等方式，充分吸收各方意见，使政策思想和制度设计具有广度和深度。

1.2　中国为什么需要智库

1）从世界看，对智库的需求在逐步增大

不论是发达国家还是发展中国家，政府和政策制定者都面临一个同样的问题：如何在政府决策过程中引入专业知识。政策制定者既需要可以凭借的易于理解和接受的有关其所治理领域内的社会信息，也需要知道现行的政策是如何运作的，以及可行的替代政策及其实施成本与实施效果。这种逐渐扩大的需求促进了独立政策研究机构，也就是我们通常所说的智库的发展壮大。当前智库发挥作用的空间逐步增大还有如下原因：①数据和技术革命使得政策分析具备了前所未有的条件；②互联网和新兴商业模式使得国家政府部门垄断信息时代结束；③政治问题的复杂性和技术难度增加；④对政府部门及其选定的官方代表的信任危机；⑤国际化以及国家和非国家参与者的增加；⑥对于及时、精炼的信息和“正确形式、正确人手、正确时间”的分析的需求[1]。

2）从中国看智库发展明显滞后

诺贝尔经济学奖得主罗纳德·科斯教授曾忠告：“如今的中国经济面临着一个严重缺陷：即缺乏思想市场。这是中国经济诸多弊端和险象丛生的根源。”中国发展面临的国际形势同样是险象环生。国内各行各业的发展并非一帆风顺，经过改革开放后 40 多年的高速发展，

[1] 2015 全球智库报告 .

目前已经进入“新常态”，特别是受到中美贸易摩擦、新冠疫情影响，经济发展的不确定性增加，人们对于发展前景的不安全感和疑虑也在增加。优秀的智库可以帮助政府和社会解疑释惑，提出合理化的政策建议，避免或者减轻风险损失，争取在国际竞争和国内利益协调中赢得主动，推进经济社会安全持续发展。

3）中国智库应具有的功能和作用

资政——当下中国利益分化严重，任何政策的出台都显得异常艰难，稍有不慎，就会广受争议。因此，新型智库与国家决策者之间的关系，不能只是停留在简单的咨询与顾问，而应存在复杂的互动。好的智库需要充分辅助政策制定的前端程序（如调研、意见征集、方案设计等）、中期建言（通过内参、研究报告等形式设计政策框架）、后期完善（包括评估、完善及应对社会舆论）等所有过程。智库介入像是打造“决策实验室”，以专业、客观和独立的方式，帮助决策者对政策进行充分的论证与评估，进而体现政治决策机制的公开化、社会化、民主化和科学化。

启民——在诉求多元化的舆论环境下，新型智库在中国的功能定位不能只满足于内部建言，而应起到政府决策层与社会舆论之间矛盾化解与协商沟通渠道的作用。智库学者应善于以通俗易懂的文字语言，贴近大众的沟通技巧，通过出版论著、发表评论、接受采访等各种方式，对社会公众进行政策的解读、普及，也可以从社会公众的角度向决策者反映下一步诉求。从这个角度讲，智库学者应视为“责任学者”“建言学者”，不应采用情绪化的批判或者毫无调查根据的妄言，而需要富有责任感与使命感，将最中肯的见解传递给大众与决策者，为培养社会理性与思想解放作出贡献。

伐谋——孔子曰：“暴虎冯河，死而无悔者，吾不与也。必也临事而惧，好谋而成者也。”《孙子兵法·谋攻篇》言：“上兵伐谋，其次伐交，其次伐兵，其下攻城。”国际竞争日益激烈，一流智库既要从事社会政策研究，还应广泛介入全球事务中，如价值传播、参与国际交往等公共外交事务，在全球层面研究、设计与推动本国对外战略，将本国利益链条纵深延展至全球各个角落。国外智库大多具有强大的战略传播能力，服务于国家的战略目标，对内影响决策与舆论，对外传播价值观。中国智库要屹立于世界之林，也须通过举办高端的国际论坛，发布具有国际影响力的研究报告，赢得国际话语权，提升本国思想的国际干预力，推动中华文化与思想走向世界。

孕才——学校“育人”，智库“孕才”。中国特色新型智库不能重复过去将退休干部或边缘化官员安置到研究部门的惯性，相反，应当担负起培训各级政府官员和国企高管的重任。广为人知的美国“旋转门”机制，不只是简单地因党派执政更迭而产生智库与政府之间的职位互换。更重要的是，智库工作往往会促进人才的全面社会交往与思考能力的提升，为国家发展提供了大量的高端人才储备以及政府职位的选择空间。中共十八届三中全会提出“推进干部能上能下、能进能出”，受到社会的广泛好评。由此，可以适当鼓励和安排干部到智库工作，或从智库挑选精英去政府工作。毕竟，智库是非常好的才干再锻炼、知识再充电、社会再接触的“人才储备库”，理应为现代治理体系和治理能力的现代化提供良性运作，培养足够多的后备精英[1]。

4）中国智库的性质和任务

中国智库是国家“软实力”的重要组成部分，对政府决策、企业发展、社会舆论与公共知识传播具有深刻影响。从组织形式和机构属性上看，智库既可以是具有政府背景的公共研究机构，也可以是不具有政府背景或具有准政府背景的私营研究机构；既可以是非营利性研究机构，也可以是营利性但不以营利为目的的机构。

中国智库的主要任务是提供政策服务，为决策者献计献策，判断运筹，提出各种方案；反馈信息，对实施方案追踪调查研究，把运行结果反馈到决策者手里，便于纠偏；进行诊断，根据现状研究产生问题的原因，寻找解决问题的症结；预测未来，从不同的角度运用各种方法，提出各种预测方案供决策者选用。

1.3 交通运输新型智库的内涵

我国所倡导的新型智库建设，其“新型”主要体现在：第一，以国家利益、公共利益、社会责任为研究导向，以服务党和政府科学民主依法决策为研究目标；第二，可以是独立的，也可以是非独立的，附属于政府就要发挥政府机构的统筹功能，挖掘和强化现有的官方或半官方研究机构的资源和优势，创建符合中国国情的新型行业智库和完整的行业智库体系；第三，强调智库的稳定性，中国特色新型智库应当是相对稳定、运作规范的实体性研究机构。

交通运输行业新型智库的内涵界定为：是以交通运输战略问题和公共政策为主要研究对象、以服务交通运输行业科学民主依法决策为宗旨的研究咨询机构。从智库类型看，交通运输行业新型智库的“外延”包括：交通运输部所属研究院所、交通运输部所属高校、行业企事业单位及其内部设立的独立运行的相关研究机构等。

具体来看，现有的交通运输领域发挥智库功能的单位包括：第一，交通运输部所属研究机构，如交通运输部规划研究院、科学研究院、公路科学研究院、水运科学研究院；第二，交通运输部所属单位及其内部成立的智库平台，如大连海事大学“一带一路”研究院、航运发展研究院、国际海事公约研究中心、海事发展战略研究中心等；第三，地方行业主管部门成立的智库，如武汉交通运输行业智库；第四，交通运输行业企业的战略研究部门，如中国船级社研发中心、中国远洋海运公司等内设的战略研究中心等；第五，所涉研究范围包含交通运输行

[1] 王文．中国特色新型智库的理解与改革建议 [OL]. http://www.guancha.cn/wang-wen/2014_10_14_275569.shtml.

业领域的“行业外”研究机构，如国家发改委综合运输研究所、北京交通发展研究院、清华大学交通研究中心、西南交通大学西部交通战略与区域发展研究中心、大连理工大学港口发展研究中心、中山大学物流与供应链研究中心、北京交通大学轨道交通安全协同研究中心、清华大学物流与供应链研究中心等；第六，交通运输行业领域的社会智库，如未来交通研究所、信德海事、中国交通智库等❶。

1.4 水路交通高端智库的内涵

水路交通高端智库主要以水运决策支持（或政策影响）为研究目标，以水运公共政策（或战略）为研究对象，以水运公共利益为价值导向，以水运社会责任为研究准则的水运专业决策研究机构。

1）水路交通高端智库突出“新型”

水路交通高端智库不同于传统的水运智库，属于新型智库。这种“新型”主要表现为以下几个方面：一是新定位，水路交通高端智库不同于传统的水运研究机构和水运智库，它是在党和政府领导下开展政策研究，应具有相对独立性，要充分体现独立思维，发布中立观点，切实履行参谋之职而不是迎合；二是新机制，水路交通高端智库不同于政府机关，需要淡化行政色彩，引入市场竞争机制，增强灵活性，营造研究氛围，聚集高端人才，能够吸纳行业内的精英，包括政府官员、民间学者乃至国外专家，做到智力制胜；三是新模式，坚持求真务实的科学精神，树立问题导向研究模式，针对现实和长远问题开展对策研究，加强水运大数据分析、案例分析和模型分析，提出决策层信得过、用得上的政策建议；四是新服务，水路交通高端智库应该具有超高服务能力，这种能力不能仅仅局限于公共政策，也应该面向企业、面向社会，以其高质量的服务获得必要的收益，在提高智库生存能力的基础上不断转型升级；五是新保障，智库是一个资金密集型行业，智库的独立性决定于经费来源，传统的水运行业的政策研究和决策咨询机构来自研究院、大学等事业单位，其经费来源相对单一，以行业主管部门或者财政经费为主，民间和国外的经费很少，而水路交通高端智库需要多元化的研究经费保障，尤其是各种基金、税费减免、企业和民间捐赠是未来的突破口。

2）水路交通高端智库重在“高端”

首先，要具备全球视野，站在全球海运的长远发展趋势以及 IMO 规则演变的高度，前瞻性地看待我国水运业的对外开放发展；其次，要聚集行业内的顶级专家和学者，成为行业思想的生产者和传播者；第三，要对接国家级高端智库，认真吸收全国范围内各行各业的研究

❶ 大连海事大学．我国交通运输行业新型智库研究 [R]. 2017.8：13-15.

成果，积极接纳各类专家学者的建言献策，实现“跳出水运看水运”，站在国家和全局高度判断和谋划水运发展；第四，要与国外高端智库合作，成为国际上水运智库开展交流合作的平台，为国内外智库交流提供服务，积极参与国际水运智库对话，解决当前单一研究国内水运问题的状况，扩大中国水运业和水运智库在世界上影响力和话语权；第五，要有强烈的社会责任意识，具有影响力的智库研究成果一旦发布，对社会舆论具有不同程度的引导作用，故水路交通高端智库要有高度的社会责任感和正能量，不能为了追逐利益而丧失原则，如果失去了责任感就会失去信任，智库生命也就结束了。

3）水路交通高端智库要有“特色”

水路交通智库立足于新型高端，广纳天下高水平的专家人才，但并不可能将各领域的甚至水运领域的专家人才全部纳入编制，也不可能把水运业所有的政策研究和咨询任务统揽，“大而全”反而容易“同质化”，必须有选择有重点地予以取舍，找准自己的优势特色。但凡有影响、有名气的智库，都有自己的比较优势和专业特长。在组织形式上，不是推倒重来，而是在现有水运相关决策机构的基础上通过体制机制创新实现结构重组和功能提升，应具备多元化和灵活性的安排，必须办成“小实体、大网络”。在自己做好研究的基础上，积极组织和吸纳社会力量开展研究，加强与各部门各地区各行业各领域通力合作，办成聚集各种政策研究力量和智慧的平台。在发展理念上，必须立足于中国水运发展的实际情况，服务于国家水运发展的根本目标和大局，准确定位，具有引领行业智库的前瞻性、战略性、建设性思想观念和专业性、切实性、储备性政策建议。在研究领域上，根据自身优势和专业特长，选择最适合我国水运发展需要的方向。在研究成果上，必须突出国际水运特色，发现“新问题”、形成“新思路”、结合“新情况”、探索“新路径”、提出“新对策”。

第2章
国外智库及经验借鉴

它山之石，可以攻玉。国外智库建设历史较长，影响力较大，独立性和非营利性特点非常突出。而我国智库建设尚处于成长期，有许多方面还不够完善，需要借鉴国外的成功经验。尤其是在水路交通高端智库建设中，这样做可以避免少走弯路，提高建设质量，加快智库发展。

| 2.1 世界智库分布和排名 |

根据宾夕法尼亚大学《全球智库报告（2019）》得知，2019 年全球知名智库总量 8248 家，比 2015 年增长 20.48%。2019 年智库的区域分布及与 2015 年相比的增长情况是：北美 2058 家，增长 6.58%；欧洲 2219 家，增长 25.37%；亚洲 1829 家，增长 34.68%；中南美洲 1023 家，增长 32.17%；南部非洲 612 家，减少 0.49%；中东和北非 507 家，增长 27.39%。

智库分布数量最多的前 12 个国家及增长情况：美国 1871 家，增长 1.96%；印度 509 家，增长 81.79%；中国 507 家，增长 16.55%；英国 321 家，增长 11.46%；阿根廷 227 家，增长 64.49%；德国 218 家，增长 11.79%；俄罗斯 122 家，增长 76.23%；法国 203 家，增长 12.78%；日本 128 家，增长 17.43%；意大利 114 家，增长 17.58%；巴西 103 家，增长 15.73%；加拿大 100 家，增长 1.01%。世界前 12 个国家智库总量为 4516 家，增长 16.78%，占世界智库总量的 54.8%，下降 3.07%。这 12 个国家 4 年来一直保持世界前 12 大智库国地位，增长最快的前 3 个国家是印度、俄罗斯和阿根廷。从智库总量看，印度超过中国位居世界第 2，中国由第 2 降为第 3。

2016—2018 年全球最杰出的智库是美国布鲁金斯学会（Brookings Institution）。2019

年全球前12家顶级智库，依次是美国卡内基国际和平基金会(Carnegie Endowment for International Peace)、比利时布勒哲尔国际经济研究所(Bruegel Institute for International Economics)、法国国际关系研究所(French Institute of International Relations)、美国战略与国际研究中心(Center for Strategic and International Studies)、巴西热图力奥·瓦加斯基金会(Fundação Getulio Vargas)、英国查塔姆学会(Chatham House)、英国国际战略研究所(International Institute for Strategic Studies)、美国传统基金会(Heritage Foundation)、美国彼得森国际经济研究所(Peterson Institute for International Economics)、美国伍德罗·威尔逊国际学者中心(Wilson Center，FKA Woodrow Wilson International Center for Scholars)、美国进步研究中心(Center for American Progress)、美国兰德公司(RAND Corporation)。

2.2 美国智库

2.2.1 美国智库的影响力

美国智库在全球享有盛誉。根据宾夕法尼亚大学《全球智库报告(2019)》可知，美国许多智库创立于20世纪70年代，在1980—2019年智库数量增长了1倍，到2019年已经拥有知名智库1871家，占全球22.68%。全球12家顶级智库中美国占有7席，其中美国布鲁金斯学会位居2016—2018年度世界最杰出智库之首，美国卡内基国际和平基金会位居2019年度全球智库第一位。

2.2.2 美国智库成立的宗旨

美国各大智库力求以提供独立、公正性的高水准研究分析报告和成果服务于国家及政府各领域决策为宗旨目标，智库运行强调非营利和独立性。如布鲁金斯学会宗旨是“高质量、独立性和影响力(quality，independence and impact)”。其使命是开展高质量的独立研究，并据此提出具有创新精神和实用性的政策建议，以达到三个目标：即捍卫美国民主；确保所有美国人获得经济繁荣、加强社会保障、维护公共安全带来的机遇；推进一个更加开放、安全、繁荣和合作的国际社会。再如兰德公司以独立的非营利性研究和咨询服务为宗旨，主要对安全和公共福利方面的各种问题进行系统的跨学科分析研究。其独立性主要体现在：一方面坚持隶属关系的独立性，与美国政府及其他不同性质的客户只有服务合同关系；另一方面坚持企业文化的独立性，研究结果不论政府或客户是否接受而保持客观性和公正性，研究结果允许公众自由获得。

2.2.3 美国智库的运行机制

美国智库通常根据公司治理的原则运作。董事长或者首席执行官对董事会或者监事会负责。董事会或者监事会由企业或者资深学界代表、前议会议员或者政府官员组成，有时也会有其他智库的研究人员。董事长在副董事长或者研究主管的协助下开展日常管理工作，如制定工作日程、贯彻行动纲领以及任命新雇员。董事会或监事会任命董事长、负责公司的财政预算、制定重大规划以及保持智库的独立性，其中最重要的一项工作就是在竞争复杂的环境中筹集资金。

智库的人员配置原则多种多样，成员身份非常复杂。研究人员包括全职研究员和兼职研究员。其中，兼职研究员或是聘请的大学兼职人员，或是辅助研究员，或是访问研究员。智库研究人员中，多学科交叉保证了其应对复杂问题的需要。一般来说，研究人员都是某学科公认的专家，或者在行政管理、法律事务等实践领域有非常丰富的经验。他们的研究活动由研究助理、图书资料人员、公共关系专家和新闻工作人员提供全方位的支持。虽然研究课题采用个人项目的形式，但团队工作是非常普遍的。多学科的交叉研究不仅要求多名该智库专家的参与，甚至还有其他智库专家的联合攻关。有些智库采用典型的研究所结构，由不同层次的研究主管、分析师、研究员组成。

美国智库通过多种方法传播信息，发挥其影响力。首先，智库每年通过举行多种多样的报告会、研讨会、新闻发布会以及情况介绍会等吸引大众的注意。其次，智库也非常注重通过出版研究成果的方式发挥影响决策和大众意见的功能。智库还对每天的热点新闻进行评论，通过邮件的方式发送给政治人物扩大影响。同时在智库的网站上还有大量的研究成果信息。再次，智库非常注重以专家身份在报纸、杂志、网络、广播和电视上发表评论。有些智库还建立了自己的广播和电视平台，大量转播信息。最后，智库还努力通过各种途径与国外、政府或者法院保持密切的沟通，他们或者参与各种论证、听证，或者邀请官员在智库举办的活动中发表演讲等。

2.2.4 美国智库分类

美国智库可以分为以纯学术研究为主的学术型智库和以应用性研究为主的实用型智库。

1）学术型智库

学术型智库是指具有较高声誉和科学水准的独立研究组织。它们自己选择研究对象，其经费来源也能保障其独立性，具体的经费包括捐赠和赞助。其中，布鲁金斯学会、美国企业研究所、国际战略研究中心都是学术型智库的佼佼者。学术型智库享有较高的学术声誉，它们追求冷静客观的科学分析。在研究志趣确定上与大学一样，强调科学精神，追求客观知识，为政策精英提供“正确的”政策知识，从而长远地影响决策观念。在政府与学术界、知识与权力之间，它们更靠近知识和学术界，其研究成果主要以公开出版的方式向社会公开，从而对决策者和大众产生影响。虽然学术型智库专家也零星地给政策制定者们提供咨询，但主要目的是教育和警醒政治人物和公众认识到潜在的社会问题。它们始终保持与政治分离，追求独立，不直接影响某项具体的政策决定。一般来说，学术型智库由不同的基金会、公司和个人资助，其研究日程由自己内部制定。

2）实用型智库

实用型智库与学术型智库有相似之处，也聘用大学教授或者具有较高声誉的专家。实用型智库努力进行客观研究，不受政治立场的影响。它们和学术型智库最大的不同表现在资金来源和决定研究领域的程序上。实用型智库主要是由政府发起，其主要的资金来源是政府资助，因此，其研究方向也由政府确定，研究政府认为需要解决的具体问题。它们的研究结果一般是综合性的研究报告，提交给资助方使用，大多数研究报告也在网站上发布，而不是像学术型智库公开出版研究结果。

2.2.5 美国典型智库

1）布鲁金斯学会

（1）影响力。布鲁金斯学会（Brooking Institution）规模之大、历史之久远、研究之深入，被称为世界“最有影响力的思想库”并不为过。布鲁金斯学会是华盛顿学术界的主流智库之一，是最负盛名的公众政策研究机构之一，遵循“独立、非党派、尊重事实”的研究精神，提供“不带任何意识形态色彩”的思想，旨在充当学术界与公众政策之间的桥梁，向决策者提供最新信息，向公众提供有深度的分析和观点。

（2）智库宗旨。布鲁金斯学会宗旨是“高质量、独立性和影响力”。其使命是开展高质量的独立研究，并据此提出具有创新精神和实用性的政策建议，以达到三个目标：即捍卫美国民主；确保所有美国人获得经济繁荣、加强社会保障、维护公共安全带来的机遇；推进一个更加开放、安全、繁荣和合作的国际社会。

（3）管理团队。布鲁金斯学会前主席斯特普·塔尔博特，在政界和学界影响力很大，1993—1994 年曾任国务院特别顾问，1994—2001 年担任克林顿政府的副国务卿。董事会成员共 83 人，由著名的企业家、银行家和学者组成。成员包括世界银行总裁吉姆斯·沃尔芬森（James D. Wolfensohn）、朗讯公司总裁亨利·斯卡特（Henry B. Schacht）、卡内基基金会总裁杰西卡·马修斯（Jessica Tuchman Mathews）、原学会的对外研究所主任理查德·哈斯等。

（4）研究团队。布鲁金斯学会总人数近 300 人，其中有 10 人担任行政领导职务，共有学者 100 多名，高级研究员 75 人。他们拥有极强的学术背景，观点和文章在学术界很有影响，使学会享有“没有学生的大学”之美誉。还有不少学者曾服务于政府部门和私人企业，被称为“学术实践者”（scholar practitioner）。

(5)研究经费。学会每年所需经费除来源于学会创始人罗伯特·布鲁金斯创立的专项基金之外，还有基金会、大公司及个人的捐助、政府资助及出版物收入和其他一些投资收入。大公司的赞助占全部经费的近 1/2，其中有贝尔大西洋公司、J.P. 摩根公司、EXXON、壳牌石油、微软、惠普、丰田、杜邦、美孚、洛克西德·马丁等大牌公司，也有时代华纳、《华盛顿邮报》《纽约时报》《时代周刊》及 ABC 和 NBC 等传媒大亨。学会还从为政府官员提供的咨询会议中征收高额费用。有了充足的资金来源，学会便能雇用一些高级分析家从事研究，提高影响力。

(6)主要业绩。早在 20 世纪 20 年代哈定总统时期，学会就帮助联邦政府拟定预算草案，制定战争中的债务政策和改革税务制度的方案等。胡佛政府时期，学会认为建设圣劳伦斯航道的计划耗资太大，帮助政府取消了这个计划。学会对罗斯福新政各个方面的诸多批评颇具影响，成为当时反对新政的堡垒之一。第二次世界大战期间，学会在分析了当时战时环境后提出建议，帮助政府建立和管理了各种战时机构。战后，在执行马歇尔计划问题上，美国民主党和共和党意见分歧，后来国会委托该学会拟订一项折中方案，统一了两党的意见。20 世纪 60 年代以来，该学会为每届新政府提供了一份执政中面临主要问题和综合概述的报告。

2）兰德公司

(1)影响力。兰德公司（Research and Development Corporation，RAND Corporation）是美国第一个真正被称为“思想库”智囊机构，是美国最重要的以军事为主的综合性战略研究机构，也是美国唯一能获得政府全部机密文件的半官方研究机构。它先以研究军事尖端科学技术和重大军事战略而著称于世，继而又扩展到内外政策各方面，逐渐发展成为一个研究政治、军事、经济、科技、社会等各方面的综合性智库，被誉为现代智囊的“大脑集中营”“超级军事学院”，以及世界智囊团的开创者和代言人。它可以说是当今美国乃至世界最负盛名的决策咨询机构。兰德成功的奥秘，即是多用途的研究机器 = 兰德人 + 兰德的信息资料 + 广泛的关系网 + 人与计算机结合的分析方法。

(2)成立宗旨。兰德公司以独立的非营利性研究和咨询服务为宗旨，主要对安全和公共福利方面的各种问题进行系统的跨学科分析研究。其独立性主要体现在，一方面坚持隶属关系的独立性，与美国政府及其他不同性质的客户只有服务合同关系；另一方面坚持企业文化的独立性，研究结果不论政府或客户是否接受而保持客观性和公正性，研究结果允许公众自由获得。

(3)管理团队。董事会是兰德公司的最高决策机构，理事会人数不固定，2010 年已达

26 人，负责审核公司的经费预算和课题立项及主要研究成果的审查等。理事会主席及成员定期更换。2011 年理事会主席保罗·G. 卡明基（Paul G.Kaminski）曾担任美国国防技术助理国务卿和 Technovation 公司总裁。兰德公司实行理事会领导下的总裁负责制，日常运作由总裁负责且长期任职。总裁、核物理学家詹姆斯·A. 汤姆森（James A.Thomson）1989 年上任，直到 2011 年仍在任职。他曾任职美国国防部，是白宫国家安全委员会顾问，负责欧洲防务。监事会由 20 多人组成，保障兰德公司的独立性。监事会成员对兰德公司具有管理支配权力，也就是说他们才是兰德公司真正的主人，但是他们并不拥有兰德公司的任何财产。

（4）研究团队。兰德公司 2011 年正式雇员约 1600 人，其中有 800 名左右的专业研究人员。兰德公司除自身的高素质结构之外，还向社会上聘用了约 600 名全国有名望的知名教授和各类高级专家，作为自己的特约顾问和研究员。他们的主要任务是参加兰德公司的高层管理和对重大课题进行研究分析和成果论证，以确保研究质量及研究成果的权威性。兰德公司雇员中 86% 为硕士以上学位，58% 为博士；研究人员平均年龄 35 岁；在公司平均工作年限为 8 年。研究人员中经济学专业背景的占 12%，政治与国际关系占 12%，行为学科 11%，商学和法学 11%，工程学 10%，数学、运筹学、统计学合计 9% ，社会科学 8%，政策分析 8%，生命科学 7%，文学艺术 5%，心理学 3%，计算机 3%，1% 无学历的属于多年在军队和政府工作被兰德公司认为是多年积淀下来的最富才华的人才。各种学科的人才跨度大，配合默契，激发了不同学术观点的碰撞，产生了具有创造性的研究成果。

兰德公司的研究人员在学术研究方面独树一帜，在社会上有“兰德学派”之称。兰德公司不仅以高水平的研究成果和独创的见解著称于世，而且为美国政府和学术界培养了一些屈指可数的人才。如数理逻辑学家兼经济学家、芝加哥大学教授艾伯特·沃尔斯蒂特，提出的“第二次打击”概念对美军事战略影响巨大；又如前中央情报局长、能源部长詹姆斯·施莱辛格，前军备控制和裁军署署长、里根政府的副部长弗雷德·伊克尔，前总统经济就业局局长唐纳德·拉姆斯菲尔德，战略问题专家、赫德森研究所的创建人赫尔曼·卡恩，纽约市立大学教授、苏联问题专家唐纳德·扎戈里亚，迈阿密大学教授、苏联民防问题专家利昂·古里，密执安大学教授、著名中国问题专家、曾任美国驻香港代总领事的艾伦·惠廷和乔治·华盛顿大学教授，中国和亚洲问题专家哈罗德·欣顿，著名的未来学家康恩和布朗等。为了广泛传播兰德的智慧，兰德公司在 1970 年创办了兰德研究学院，它是当今世界决策分析的最高学府，以培养高级决策者为宗旨，并颁发了全球第一个决策分析博士学位。目前，其学员已遍布美国政界、商界。

（5）组织结构。如图 2-1 所示，兰德公司采用二单元矩阵式组织结构，即所有研究人员按专业学科隶属研究系统中的管理学部，同时又按研究业务隶属研究系统下的常设研究部。研究人员管理学部负责研究人员考核、定薪、任免、录用、辞职等。业务研究部门负责研究经费预算、进度及质量控制。行政系统 6 个办公室负责对外联络客户、宣传公司、出版传播、招募和培训员工；对内为研究人员和其他员工提供各项服务。

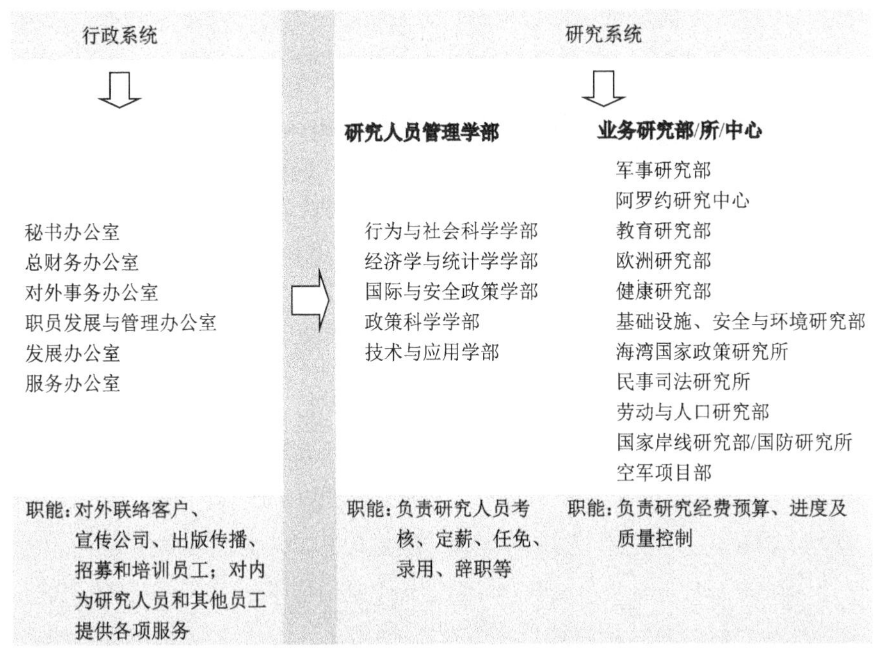

图 2-1 兰德公司组织结构图

各类研究人员按照教育和学科背景归属 5 个研究人员管理学部。研究人员管理学部负责本学科的业务建设，审查课题安排、研究进度、人员工作情况和经费开支。学部主任向行政副总裁负责。每个学部都设有研究助理。学部主任不交叉担任研究部门的负责人，但有权指定公司内部的两名专家审定研究成果的报告。学部主任也可以普通研究员的身份参与部分项目研究。学部主任的最主要工作是寻找聘用合适的高级研究人才，每年花费大量时间参加的专业学术年会、专题座谈会、大学访问就是为了寻找人才。11 个业务部门，负责研究项目的开展及经费管理。

研究部门的负责人直接对总裁负责，同时接受分管副总裁的领导。副总裁分管科研经费、组织协调科研活动，有时还牵头某项重大项目的研究。项目负责人根据课题性质和需要挂在研究部门。项目负责人按照知识和经验需要到 5 个研究人员管理学部招聘调配研究人员，组成课题组。课题结束研究人员回到自己的学部。这样形成公司内部劳动力市场。

(6)激励机制。兰德公司岗位分为行政管理人员、高级研究人员、助理研究人员、一般工作人员、行政秘书、编辑、图书管理人员及其他服务人员，高级研究人员是智库的主体。

兰德公司有一条非常重要的用人标准："一个合格的政策分析家必须在社会科学和自然科学方面具有渊博的背景知识，掌握多种不同的分析技术，并有能力和信心从事跨学科的研究。"因此，公司的研究人员不论做哪门学问都有深度和广度。公司非常强调研究人员与各方面专家合作的能力，对那些尽管很聪明但只关心个人名利的或只关心自己研究领域的学究式人员是不欢迎的。公司还要求研究人员有较好的数学、计算机功底,能自行设计数学模型,会编制计算机程序并能上机操作,有较好的口头表达能力。公司非常重视人员的选拔和考核工作,原则上公开招聘,对招聘的岗位写出详细明确的职责描述说明书,并据此对应聘人员进行考核。

在研究人员、管理人员和环境待遇三个方面,实行"三三制"的人才激励机制。

①兰德公司的研究人员除了少数来自大学和企业聘请的专家外,主要来自三个方面。A. 聘用政府部门离职的高官和专家。四年一度的总统大选涉及3000多名官员重新安排。公司认为:"一个有过政府机构工作经历的人,往往较之高学历研究人员对政策问题有着更深刻的洞察力"。B. 聘用名校出身的年轻博士。包括到学校看他们的论文水平和教授的评价,电话面试筛选一些博士生到公司与研究项目结合起来撰写博士论文。公司在世界各地开辟多个办公室,招聘各国优秀的博士生。C. 招揽其他智库享有盛誉的著名专家。公司研究课题可以从外部聘请高水平的专家与本公司研究人员一道工作,课题结束后研究人员随之更换。公司广泛采用两种兼职方式:一方面,聘用大批国外著名学者当顾问。这支队伍经常保持五六百人,每年约300人参加公司工作,工作量相当于60个专职高级研究员;另一方面,公司的研究人员到一些院校研究机构担任兼职教师或到政府、公司兼职,以扩大公司对人力资源和信息资源的获取以及研究成果的推广应用。

②兰德公司的行政管理人员都是资历颇深的管理能力与研究能力兼备的十分优秀的"两栖人才"。体现在三个方面。A. 在某个专业领域拥有卓越的研究成果,并能把研究和经营管理出色地结合起来,即学者型的管理者。具有较强的组织协调能力、口才以及有外界联系和交往的能力。B. 不仅精通一个专业领域,而且具备适应相关领域的管理能力。对自己管理的全部或大部分项目和专业有一定了解,并能做出内行的判断。C. 具有在政府、企业、高校或一些民间组织任职或兼职的经验。

③兰德公司吸引高端人才的条件不仅仅是金钱。表现在:A. 强调给人以平台做出贡献和成就,强调在公司跨学科领域的配合带来不同学科的人的对话交流提高,强调发挥研究人员的创新精神。B. 提供一揽子优厚的福利待遇,包括福利假期、健康保险、退休基金等。C. 对完成挑战性、跨领域工作的人员给予精神奖励,给服务优异的人以多种形式的物质和荣誉奖励。公司的《今日兰德》专栏及时宣传国内外媒体关于公司的报道和评论。

兰德公司非常重视研究人员与辅助人员的合理配置,辅助人员包括秘书和研究助手。在数量上辅助人员的数量超过研究人员。公司认为:"两个研究人员不如一个研究人员加一个秘书的效率高。"这些秘书、助手担负起打字、准备资料和内外联系等所有"杂务"。一般1~4名研究人员配一名秘书,还可以申请增加。一个高层管理人员有2~3名秘书。相当一部分人从事图书、资料、计算机等工作,其高效率和高质量使得研究人员"不出门便知天下事",享受"饭来张口,衣来伸手"的便利。能集中精力思考问题,不必为技术问题烦恼。

(7)项目管理。

①重视选题。课题经费约10%用于选题必要性和可行性论证。公司每年600个研究项目，约1/3来自政府委托、1/3自己提出寻找政府委托、1/3由兰德与政府多次协商形成。课题按照对国家影响的重要性、委托者在国家的地位排出优先次序，坚持研究工作的持续性和滚动性。一般课题工作量3~6人/年，课题研究时间1~2年，每人可以承担2~3个课题。研究人员可以自己寻找委托部门确定研究项目。

②经费管理。军方和政府合同占公司总经费的70%以上，同时接受州政府、私人企业、外国政府及国际组织的委托、基金会的赠款。其中，以研究合同收入为主，年收入约2.51亿美元，人均15.7万美元。从四五百万美元的大项目到几万美元的小项目，项目经费由项目负责人按照研究人员工作天数计算工资、差旅费、计算机费用和其他必要的开支，报项目主任审定。按计算的成本加67%额外消费，再加7%杂费，构成委托人的费用，一般为课题直接费用的174%。公司研究人员的工资较高，一般比同等学力的大学教授高1/3。在职研究人员年薪6万~12.5万美元，每半月发一次；秘书年薪为2.3万~3.7万美元。

③成果审查。课题立项后，兰德公司利用各项目周报、人员日报实时监测，研究人员每天要填写自己在每个项目上花费的时间。公司的研究成果审查机制称为“内部评审制”或“同行评审制”。任何研究人员都有机会参与审查工作，以提高业务素质。每个研究计划都会由学部主任选择2~3名该领域资深研究人员评审，负责期中、期末审查，写出评审报告，达到公司要求后再组织评审会，由完成人答辩。报告需经本部门两人、外部门一人参加评审同意后才能通过，然后由分管副总裁审定后才能发表。

兰德公司把研究成果分为报告、论文和专业文章三类。报告必须经过上述审查程序。论文代表科研一流水平，凡正式对外交流的论文发表前，需经3~9位国内外同行的审议和无记名投票，经过修改后由评委决定是否同意发表。对于学术水平不高的或者审查未通过的论文不能以公司的名义发表。对于有错误的研究课题，一般采用更换研究人员的办法重新研究。

④年度考核。兰德公司实行年度考核制，由主管领导对下属人员写出评语(不采用群众投票打分)，向本人公开，本人可以申辩。新入职人员一年考核两次，资深研究人员两年评估一次。主要看研究人员完成报告的数量和质量。研究人员承担课题的方式分主动式和被动式。主动式即主动向政府或基金会申请课题和经费；被动式即被项目负责人聘用从事研究，后一种需要更杰出的工作表现。如果一年内没有申请或参与任何课题，就将被公司解聘。

⑤综合审查制。每4~5年对研究部门进行一次综合审查，以考察研究成果的实际价值和社会效应。审查结果作为研究人员考核、晋升和淘汰的依据。工作成绩、质量高低、著作多少与本人加薪有直接关系。长期没有成果不适合的人员将被辞退。每年有10%左右的

人员离开，主要是上学深造，个别的是被辞退。公司每年录用人员增长 3%。

(8)成果推广。兰德公司非常注重创新，创造发明了许多大家今天仍在大量使用的方法，如德尔菲法、头脑风暴法、不确定条件下的决策理论和技术、线性规划和动态规划技术、非线性规划及最优化方法、数学建模和仿真的研究方法、网络理论、成本分析法、博弈论基础、运筹学和博弈论在政策分析中应用、A 因子法等。公司强力推销研究成果，将经费的一部分用于宣传和推销自己的政策主张。主要途径是分发图书、研究报告、期刊，出席国会听证会、媒体见面会、研讨会等。

(9)信息支持。兰德公司图书馆拥有藏书九百万册、各种报告 30 万份、期刊约 3000 种，以及大量的缩微卡片和各种比例的地图。为研究人员每人提供一间现代化的办公室。公司建立了许多数据库供研究人员使用。计算机中心有 130 多名编程专家、系统分析专家和工程技术人员，拥有一批在计算机领域造诣极高的知名专家学者，成为美国数据库领域的权威之一。

(10)调查研究小组。兰德公司拥有 40 年历史的调查研究小组，凭借创造性的调查设计、数据采集和方法研究闻名于世，调查结果常被科技单位引用。公司从项目开始就进行抽样覆盖率精度分析，下设 30 多人的统计抽样小组，协助各课题组进行抽样方案设计、样本选取、抽样实施、数据分析、统计计算，为研究人员提供高质量的服务。

(11)人才培养。兰德公司所属的帕迪兰德研究生院(The Pardee Rand Graduate School)，主要教学领域为政策分析和政策研究。拥有 53 名教授和 100 名博士生，博士生成为有力的研究助手，他们要修 10 门必修课和 10 门必选课，积累 300 天的研究项目工时。2007 年，毕业生有 32% 进入研究所，27% 进入私营机构，18% 当大学教员，13% 进入政府机构，4% 进入非政府组织，4% 进入军事类政府机构，2% 进入其他部门。

(12)培训交流。兰德公司将研究人员去政府兼职作为一种特殊"进修"，给研究人员提供外出兼职、兼课和当访问学者的便利。按研究目标派员到国内外智库"留学"。让研究人员定期与政府政策负责人和政策规划小组接触。每个研究人员每年有一个月的带薪休假，可以到大学或者其他研究机构听课、交流。支持研究人员参加学术会议和与业务、课题有关的实地考察。

3)美国交通研究委员会

(1)智库性质。美国交通研究委员会(Transportation Research Board，TRB)，是非营利组织，主要目标是以改善交通，领导美国的交通创新，提供基于研究的独立、客观、跨学科、多通道的研究咨询和信息交流方案。

(2)组织架构。美国国家研究委员会接受美国国家科学院、美国国家工程院，以及医学院的共同管理，是美国联邦政府及其相关部门的独立顾问，在国家重要科学和技术问题上提供技术服务支持。TRB 是美国国家研究委员会下属的 6 个部门之一，受到联邦政府部门以及各州交通部门的支持。TRB 下设 6 个部门，分别是办公室、行政与财务部、共识和咨询研究部、合作研究项目部、战略公路研究计划部、技术活动部。

（3）发展过程。1920 年，美国交通研究委员会成立，当时的名称是美国国家高速公路研究顾问委员会。成立的主要目的是建立一种交换机制，推动高速公路技术信息以及相关研究成果的应用。1925 年，更名为高速公路研究委员会（Highway Research Board，HRB），通过常务委员会出版有关文献资料和举办年会。后来，HRB 不断扩大组织规模，并且一直从事信息交流。直到 20 世纪 50 年代，HRB 开始承担一些特殊研究项目的管理工作。1962 年，承担了第一个连续性的项目管理工作——全美国家公路合作研究项目。20 世纪 60 年代，HRB 非常活跃，采用多种模式运行。1974 年，HRB 正式更名为交通研究委员会（TRB），其各项技术服务工作开始迅速扩张。

（4）研究方式。TRB 主要提供出版物和在线资料，并以此管理运输研究工作；提供政策研究和建议，解决国家层面的复杂且经常引起争议的问题；召集专家帮助交通专业人员解决面临的问题，或者提供咨询方案；并通过志愿者的学习和资料查询培训，以了解 TRB 的新研究和志愿者可以获得的机会。

（5）战略规划。TRB 执行委员会具体负责战略规划，该战略规划于 2014 年 6 月通过。规划包括对 TRB 的优势、劣势、机会和威胁（SWOT）分析，发展愿景和目标，以及策略、任务和重要项目。规划的附录包括环境扫描、性能评估、差距分析等。战略规划的行动计划将在第二阶段制定。

TRB 执行委员会还定期汇编和更新运输中的关键问题清单，其目的是确定交通运输业当前的重点领域和关注点。2013 年前的交通运输关键问题突出了许多威胁国家交通运输系统性的问题。近年来，TRB 执行委员会增加了对自然灾害应急反应问题，强调交通运输如何与社会和经济中更广泛的问题联系在一起，并关注交通运输在能源和环境问题中的作用。

（6）年度会议。TRB 每年的一月份在美国华盛顿特区举行一次盛大的年会，该年会吸引了超过 1.2 万名世界各地的交通运输行业的从业人员参加。内容覆盖所有的交通运输方式，在近 750 个不同的会议和研讨会中有超过 5000 个题目展示。然后把感兴趣的话题，提供给政策制定者、行政人员、从业者、研究人员、政府代表、行业以及学术团体。

4）美国运输统计局

（1）智库性质。美国交通运输统计局（Bureau of Transportation Statistics，BTS）。BTS 支持美国交通运输部的战略规划及交通运输统计局自身的战略规划。与此同时，也将目光瞄准向美国未来的交通需求，以提前取得政策上的支持。

（2）智库职责。根据 1991 年成立的综合陆上运输效率化法案（ISTEA）的规定，BTS 负责管理数据的收集、分析和统计数据表的制定，并要求确保运输监测工作具有较高的费用效应比。BTS 坚持政治的中立性和尊重事物的客观性。在全美运输数据统计方面，秉承独立性，包括独立的收集数据和独立的分析数据，并面向各种运输方式提供服务。此外，在采集运输数据的标准方面，采取特别保密方法保证数据安全。在统计、经济、信息技术（IT）、地理信息系统（GIS）、运输等诸多领域中均具有独特功能。

5）美国交通工学会

（1）智库性质。美国交通工学会（Institute of Transportation Engineers，ITE）。1930 年成立，是交通领域专家学者的国际性、教育性、学术性协会，面向交通领域提供更新和更安全的技术需求。

（2）会员网络。形成了由交通工程师、交通计划师、教育人员、研究人员为中心的广泛的交通专家所构成的交流网。通过会议和培训、出版等活动形式，拥有了覆盖 90 多个国家的 1.7 万多名活跃的会员。因此，ITE 是专业技术、知识、创意的信息源。

（3）机构设置。ITE 设置了多个委员会，会员可以在参加学科分会（Special Interest Councils）的同时参与其他领域最前沿问题的研究。分会包括：物流管理（Freight Mobility）、ITS 管理、运用（Management & Operation/ITS）、停车（Parking）、步行者与自行车（Pedestrian and Bicycle）、公共机关（Public Agency）、交通工学（Traffic Engineering）、输送机关（Transit）、交通咨询（Transportation Consultants）、交通教育（Transportation Education）、交通鉴定人（Transportation Expert Witness）、交通计划（Transportation Planning）、交通安全（Transportation Safety）等。

2.3 欧洲智库

2.3.1 欧洲智库的影响力

根据宾夕法尼亚大学《全球智库报告（2019）》，2019 年欧洲拥有知名智库 2219 家，占全球知名智库的 26.9%，高于北美地区，在各大洲中居于首位。全球 12 家顶级智库中，欧洲占有 4 席，包括比利时布勒哲尔国际经济研究所（Bruegel Institute for International Economics）、法国国际关系研究所（IFRI）、英国查塔姆学会（Chatham House）、英国国际战略研究所（IISS）。比利时布勒哲尔国际经济研究所是一个非营利性学术机构，也是欧盟唯一接受成员国资助的智库，致力于全球经济研究，旨在为欧盟经济政策制定提供一个基于事实研究、分析和讨论的开放平台。该智库成立于 2005 年，仅用 8 年的时间就在宾夕法尼亚大学《全球智库报告和政策建议 2012》中列为欧洲智库的首位。布勒哲尔短时间内取得如此成功的原因：一是恪守“独立”的学术信条，二是坚守学术诚信与透明，三是高质量的研究成果，四是与政府政策密切关联。英国查塔姆学会前身是英国国防事务研究所，是目前英国规模最大、欧洲地区最顶尖的智库，同时也是在全球知名度极高的国际型智库。

2.3.2 欧洲智库的成立宗旨

欧洲智库通常都属于非政府、非营利组织性质。这种性质，在一定程度上确保了研究机构客观、中立的定位。但是，与美国智库所强调的独立性不同，在欧洲智库的独立性背后，还隐含了各方政治利益的平衡。例如，欧盟中心国家法国、德国之间利益的平衡，欧盟中心国家与外围国家之间的平衡。因此，一个将研究对象、政策服务定位于欧盟层面的智库而言，其治理机制需要首先考虑其研究在欧盟成员国之间取得平衡，进而在此基础上实现各个利益集团的平衡。由于上述原因，欧洲智库的会员制，其目标比美国智库的会员制更为多元化和具有超国家性质。当然，与所有的复杂系统一样，其所获得的平衡有时候也可能是缺乏效率甚至是脆弱的。如英国查塔姆学会作为非政府、非营利性组织和独立的国际事务研究机构，采用会员制。学会于1927年提出了一项关于自由演讲和保密会议的准则，即世界著名的查塔姆准则（Chatham house rules，或查塔姆大厦规则）：如果一个会议或会议的一部分，是按照查塔姆规则进行的，则与会者可自由使用在会议中获得的信息，但不得透露演讲者及其他与会者的身份与所属机构。这条规则让与会者在会议上自由地发表自己的观点而不是所属机构的观点。演讲者如果不被公开姓名，他们就不必担心自己的言论会影响到声誉，以此促进讨论的自由。

2.3.3 欧洲智库的运行机制

与一般的国际智库相似，欧洲智库的治理结构也是董事会领导下的所长负责制。但其在组织形成上更为突出的特点：一是分工明确、到位，有沟通、协调充分的行政团队，以及提供有力的后勤保障；二是包括访问学者、兼职研究员等非全职人员的多层次人员编制，还有包括研究助理、实习生在内的学徒式科研团队。

研究资金方面，政府资助是欧洲智库发展的重要推动因素。例如在德国，接受政府财政资助的智库数量非常多。据统计，德国高达75%以上的智库接受政府公共资金资助。德国联邦和州政府一般对各州智库的资助按照1∶1的比例均摊。德国政治基金会的资金同样绝大部分来自德国联邦和州的公共预算。根据阿登纳基金会公布的2010年度预算，公共财政资金占全部资金总量的96.8%，仅有0.5%的资金来自私人捐助。2008—2010年，每年平均有4亿多欧元注入六大政治基金会。这些资金主要以三种形式划拨给各基金会：行政资金，用于维持基金会各机构的正常运转，约占年资金总额的30%；项目资金，如国际合作、政策研究、人才培养、留学生资助等项目资金，约占年预算总额的近 70%；特别资金，主要用于分担各基金会政治教育工作的费用。

2.3.4 欧洲智库分类

欧洲智库主要分为专业智库和大学智库。前者注重实用性，相当于美国的实用型智库；后者注重理论性，相当于美国的学术型智库。大学智库的研究成果很多需要经过专业智库的转化才对政府决策发挥影响，专业智库则需要大学智库为其提供理论支撑，二者密不可分。

1）专业智库

专业智库以研究微观和近期政策为主。在欧洲众多的专业智库中，知名度较高和影响力较大的如英国皇家国际事务研究所、国际战略研究所和欧洲改革中心；法国国际关系研究所；德国对外关系委员会、德国国际与安全事务研究所、艾伯特基金会和阿登纳基金会；比利时布鲁塞尔的欧洲政策研究中心、国际危机集团和布勒哲尔国际经济研究所。此外，还有老牌的瑞典斯德哥尔摩国际和平研究所，以及欧洲智库新秀——欧洲对外关系委员会和欧盟安全研究所。它们一并构成欧洲专业智库的主流。

由于欧洲一体化进程为欧洲智库发展提供了独特的驱动力和历史背景，因此，绝大多数欧洲智库在为本国建言献策的同时，均以研究欧盟事务和影响欧盟发展方向为使命。欧洲主流专业智库的研究对象普遍与欧盟的主要政策领域相契合。以 2009 年为例，两个最重要的研究领域是经济、金融与财政政策和对外关系。大多数主流专业智库都把这两个问题列为核心研究领域。相比而言，在那些较晚入盟的成员国中，专业智库主要研究的问题是如何在欧盟内确保本国利益，因而成员国角色因此成为研究重点。这一点在不太热衷于欧盟一体化的英国和丹麦等国也有所体现。在安全和防务问题上，专业智库的研究重点与其地理位置和历史背景较为相关。大体上，英法荷等国的专业智库更关注美国、北约和跨大西洋关系，东欧和波罗的海国家更关注俄罗斯、乌克兰、格鲁吉亚、白俄罗斯等国，西葡意希塞等国更关注地中海事务。

2）大学智库

大学智库长于研究宏观和远期问题。欧洲大学智库的成长跟专业智库一样在很大程度上也可以归因为欧洲一体化进程。如果说主要是欧盟内外政策的需求催生并推动了欧洲专业智库的发展，那么欧盟机构的项目供给则是促使大学智库日益繁荣的主要动力。欧盟委员会近年为整合成员国教育和科研活动而设立的各种项目为大学智库的发展注入了前所未有的资金支持，种类繁多的研究中心纷纷在欧洲各国大学设立。欧委会科研项目的申请指南对于大学智库的发展具有明显的导向作用。

与主流专业智库主要聚集在英法德等大国相似，欧洲大学智库的分布尽管更为分散，与各大学的历史积淀和研究实力更相关，但就政治、经济和外交政策领域而言，主要大学智库与所在国的国家地位密不可分，因此，也呈现出主要聚集在大国的现象。有所不同的是，很难像选择专业智库那样，在大学智库中确定相应的主流群。虽然可以列举牛津大学、剑桥大学、巴黎政治学院、伦敦经济学院、柏林自由大学、罗马大学等欧洲著名学府，但很难根据大学排名来确定大学智库的研究实力和影响力。

在研究主题方面，欧洲大学智库普遍聚焦欧盟事务，涉及欧盟的各个政策领域。从欧盟内部项目和第七框架计划项目[1]的课题立项情况看，大学智库投入研究精力最大、涉及问题领域最多的是欧盟一体化进程和近邻政策。在欧盟对外关系和全球事务领域，大学智库对欧盟倡导的多边主义、全球治理以及里斯本条约之后的欧盟外交等问题关注较多。在欧盟安全与防务问题上，大学智库的关注重点包括欧盟在全球相关事务中的作用、欧盟解决国际冲突的政策选择等。在欧盟经济、金融与财政政策方面，英法德意等大国的大学智库投入的研究较多，主要讨论的问题包括经济发展的不确定性、持续性及金融市场管理等。

2.3.5 欧洲典型智库

1）英国查塔姆学会

（1）影响力。英国查塔姆学会（英国皇家国际事务研究所，The Royal Institute of International Affairs Chatham House）是目前英国规模最大、世界最著名的国际问题研究中心之一。它与英国政府、企业、媒体和学术界均有着广泛的联系，对政府的外交政策有一定影响。在宾夕法尼亚大学《全球智库报告（2019）》中位居世界第 6 位。

（2）智库宗旨。查塔姆学会是一家采用会员制的非政府国际事务研究机构，秉承独立性和非营利性。其宗旨是推动个人和组织对日益复杂多变的世界进行全面研究，并提供政策参考，其使命是帮助构建一个安全稳定、繁荣和公平的世界。

（3）管理团队。为保证独立性，查塔姆学会的主席设有 3 个席位，人选分别来自英国议会的三大政党。理事会由学会会员以秘密投票方式选出，任期 3 年，并可连任一届。其下设行政委员会、财政委员会和投资委员会。资深咨询委员会是查塔姆学会的高端外部智力支持单位，也是学会建言献策的重要渠道部门。

（4）学会会员。会员对查塔姆学会的研究和政策建议提供咨询，并将学会观点在最高层次传递出去。任何企业或个人都可以加入学会，并交纳会费。学会为会员提供独立的论坛，会员有机会参与国际事务的开放性讨论，可以随时获得学会的出版物。企业会员可根据其参与程度享受学会提供的广泛福利，包括个人会员福利、企业活动的专属邀请以及作为国际

[1] 欧盟第七框架计划（7th Framework Programme，简称 FP7），是欧盟投资最多的全球性科技开发计划 .

社区积极参与者的大范围的社会曝光度等。学会共拥有大型企业会员75个，其他企业会员263个，个人会员2770个。

（5）研究团队。查塔姆学会有200多名专职研究员和客座研究员，其他为行政管理和辅助人员。专职研究人员多数都是通才，能够在不同领域施展身手。按照研究领域的不同，其研究人员配备如下：非洲研究有22人；美洲研究有13人；亚洲研究有20人；能源、环境和资源研究有32人；欧洲研究有7人；全球健康安全研究有24人；世界经济研究有16人；国际法研究有9人；国际安全研究有27人；中东和北非研究有20人；俄罗斯和欧亚大陆研究有18人。学会还有研究辅助人员数十名。另外，查塔姆学会通过海外分支机构网罗了世界关键地区的研究人员约1000名。

（6）研究经费。研究工作是查塔姆学会的中心工作，一直坚持开展旨在为国际事务建立新视角与新观点的独立、严谨的研究与分析，研究领域主要包括：区域研究与国际法，国际安全，能源、环境与资源，国际经济。经费来源主要靠会员费、赞助费、信托机构的慈善捐款、基金会收入以及研究委托收入。学会通过出版物也能得到一部分收入，不接受政府拨款，但接受政府对具体研究项目的经费资助。

（7）交流平台。查塔姆学会的交流平台主要有出版物、论坛讲座和网络媒体等。研究出版物主要有两种：《今日世界》和《国际事务》。前者侧重于当前的国际问题，后者侧重于国际问题的回顾和综合。《国际事务》为双月刊，在国际上影响较大，已成为国际关系领域的顶尖杂志。此外，还经常出版一些专题小册子。

查塔姆学会为世界领导人、决策者以及舆论提供在公正环境中倾听和讨论的论坛，主要包括：重要人物演讲会——邀请来英国访问的外国总理、部长等；专题讲座——邀请外部重要人物进行演讲和交流，每年举办10多次；其他形式的活动还有秘密讨论会（召集成员讨论，为政府提供看法或发表文章做准备）、小组会议、年会等。学会的国际活动是其研究生命力的保证，每年举行100多场国际会议。

通过媒体针对当前重要国际问题发表专家评论、研究成果、接触国际知名的演讲者和专家。学会专设外联部，建立“媒体每日报送”制度，通过电子报纸刊转发送学会活动信息。学会网站及时更新研究动态和活动信息，可以看到专家评论视频，可以收听活动音频。

（8）研究成果。查塔姆学会每年出版60多份研究报告、论文和书籍，主要包括：专家的深度研究和政策建议，专家撰写的简评，会议纪要和报告，研讨会论文、概要、手稿及其他相关资料。

2）欧洲交通协会

（1）智库性质。欧洲交通协会（Association for European Transport，AET），成立于1998年，为非营利机构。机构设置的目的是基于交通运输专家的研究与讨论，制定交通运输发展规划。机构定位是欧洲运输专家的主导性研究机构。

(2)交流平台。AET 除了每年举办一次欧洲交通会议(European Transport Conference,ETC)以外,还通过特定利益相关者和会员制网站,促进会员之间通过网络交换意见和信息。ETC 是 AET 活动的核心,成为欧洲运输专家、研究学者聚集一堂,发表和交换交通运输政策问题、调查结果、最佳方案等最新信息的交流平台。同时,通过平台发表由现任专家审查选定的论文。据统计,1/3 各国参会代表每年都参加研讨会,提交高品质、技术先进的会议论文。ETC 作为展示创新成果、最佳方案、专家网上共享知识的平台,提供了形式丰富多彩的发表个人意见的机会,每年吸引了 500 多名与交通相关的专家和研究人员参与。

3)英国交通调查研究所

(1)智库性质。英国交通调查研究所(UK' s Transport Research Laboratory,TRL),是以从事交通相关的调查研究、咨询、实验等业务而闻名的机构。

(2)智库发展。TRL 的总部位于英国南部的巴克夏州库洛松。其前身为英国政府(交通部)下属机构,于 1933 年成立,1996 年民营化后作为完全独立的民间企业继续开展活动。

(3)智库经费。TRL 为属于交通研究财团(Transport Research Foundation,TRF)100%所有的研究机构。TRF 为非股份制非营利性财团,成立于 1996 年,由来自交通运输产业的 80 多家中心成员构成。TRL 上交给 TRF 的收益,由 TRF 对 TRL 进行内部再投资,以此不断提高科研水平。

(4)智库研究。TRL 不断探求未来交通发展方向,致力于公共及民间部门的交通运输、安全、运送手段、环境、持续可能性、交通基础设施等广泛研究。拥有 500 名包含多位世界著名专家在内的科研队伍,科研装备水平十分先进。研究项目包括小规模的调查研究、规划编制、多模型分析、高速道路交通系统(ITS)相关的技术政策、面向世界各地的方案咨询等。

4)德国联邦交通研究所

德国联邦交通研究所(Bundesanstaltfur Straen wesen,BAST)建于 1951 年,是享誉世界的著名交通研究机构之一,对欧洲交通发展影响深远。该所隶属德国联邦交通与住宅建设部,主要任务是为德国提供交通政策科技咨询、科学决策支持和编制相关的技术标准、规范等。现有 400 余名涉及交通工程、城市规划、汽车、计算机、交通医学、信息学、光学、经济学、社会学等学科的研究和管理人员。BAST 下设 5 个研究部门,分别是:铁路工程部、桥梁与工程建设部、交通工程部、汽车工程部、交通行为与安全部。通过实验设施和其特别意义的课题,开展相关研究工作。还从事咨询与鉴定,包括工作效率质量评价、产品质量评价等,大部分工作与大学和专业机构联合完成[1]。

5)德国波罗的海研究所

(1)影响力。德国波罗的海研究所原名"海洋研究所",1958 年创建于德国东北部波罗的海边的罗斯托克(Rostock)市瓦乐明达(Wamemude)镇。德国波罗的海研究所隶属于德

[1] 晓声 . 德国联邦交通研究所 [J]. 道路交通与安全,2006(9):43-45.

国科学院，为专门从事海洋科学研究的机构。根据德国有关科研机构设置政策，研究所多与大学挂钩，因而该所挂“罗斯托克大学波罗的海研究所”的牌子。研究所的教授和资深研究人员到大学兼课，招收研究生并接受大学生实习、做论文。实际上，研究所是独立机构，在经费及行政管理方面与大学没有什么实质联系。

（2）组织机构。德国波罗的海研究所实行所长负责制，现任所长是海洋生物学家。研究所设立董事会和国际科学顾问组。对所内事务，所长听取由各研究室主任及全所推选的3位科学家组成的顾问组的意见。全所设物理海洋学、海洋化学、生物海洋学和海洋地质学4个研究室，还有计算机中心和图书馆等服务单位。每个研究室设主任和秘书各1名，室主任由本学科教授兼任。

（3）人才队伍。德国波罗的海研究所有职工150人左右，其中研究人员70人，每年有10~20人以参加课题研究的形式，从事博士论文撰写工作。研究人员均具博士学位，其中5人有教授职称，技术人员50多名，后勤管理服务人员27名。劳资关系逐步向合同制转化。150人中包含130个左右的固定岗位，政府规定今后不再补充由于退休及自然减员等原因所造成的职位空缺。根据德国法律，职员在一单位工作5年，就能获得固定职位。因此，合同期一般只签4年，期满后必须到别的单位求职。技术和后勤人员绝大多数是固定工。研究人员多数为合同工，他们根据研究课题的需要签约完成任务。由于课题总经费尤其是人员工资方面的限制，研究所常常以招收博士生的方式来完成课题任务。这就增加了资深的非固定职位研究人员的就业压力。

（4）绩效考核。德国政府十分重视对研究质量的控制与管理，德国科学院每5年对全国研究所进行一次考核评价。根据所承担的研究项目、获得的科研成果、在国际刊物上发表的论文数量等，综合评估研究所的业绩，从而对研究所的发展方向、组织结构，乃至去留问题，进行全面检查，最后决定研究所是否继续发展或者关停并转。研究所对于国家考核十分认真，全所上下从汇报提纲、座谈发言、仪器设备，到环境卫生、个人着装等都要做精心准备。

（5）经费来源。欧盟成立前期，德国波罗的海研究所年均总经费2200万马克，其中课题基金占20.7%。其余为拨款经费，拨款经费中30%左右为赫尔辛基委员会下属的监测项目专款，其余70%左右由国家和地方政府均摊（德国许多研究所的经费均由国家和地方政府共同承担）。在研究经费支出方面，人员工资约占60%，调查船维修、运转费占21%，仪器设备费13.6%，办公实验楼维修费5.4%。工资由国家拨款或从比较固定的项目经费中支付，员工工作生活条件相对稳定。在课题申请方面，由于合同人员职位不稳定，不能担任课题负责人，这意味着固定人员负有争取项目、课题的任务。在课题经费方面，雇佣人员的工资专项列入预算。研究所设备设施购置的投入均由政府承担。

（6）研究领域。德国波罗的海研究所以波罗的海为主要研究对象，侧重于波罗的海生态系统的综合性研究。其研究项目和许多课题基本围绕波罗的海的自然特征，与周边国家协调，而且注意发挥自己的特长，避免与国内同行重复。其主要研究项目是赫尔辛基委员会下属的波罗的海海洋环境保护委员会（Helcom）组织的波罗的海综合监测。该项目始于 1979 年，每年按季进行定点、多参数常规检测，数据报送赫尔辛基委员会。该委员会每 5 年出版一卷监测评估报告。此外，研究所还承担欧洲委员会及本国国家基金课题。目前，该所承担的项目和课题基本侧重于基础性、纯科学性领域，很少涉及应用性尤其有直接经济效益的课题。这与德国对各研究所主攻方向的严格分工有关[1]。

6）英国波罗的海航运交易所

（1）影响力。波罗的海航交所（The Baltic Exchange，简称“波交所”），1744 年诞生于英国佛吉尼亚波罗的海咖啡屋，是世界第一个航运交易市场。目前，该所设在英国伦敦。2013 年，波交所在上海设立办事处，这是其 269 年历史上首次在中国有实体办公地点。波交所为伦敦保持世界航运中心的地位做出了很大贡献，它与劳氏船级社（Lloyd' s Register）、劳埃德保险社（Lloyd' s of London Insurance）并称为“伦敦航运业三大支柱”。波交所获得的佣金收入等，对英国的外汇收支平衡起到了很大作用。据估计，伦敦的船舶经纪业年收入大约 20 亿美元，其中波交所就达 6.5 亿美元。与其相配套的海运保险、仲裁、法律、救助、船舶登记以及船舶买卖融资等航运服务业，为伦敦带来了每年近百亿美元的收入。

（2）经营宗旨。波交所的经营宗旨是“我们的话我们负责”（Our Word Our Bond）。其交易规则、会员管理规则以及纠纷调解规则都非常严格。如会员必须及时向交易所汇报交易情况，任何一笔交易都不准有两家以上会员参与。其完善的法规和严格的管理，既保证了会员交易的安全性，降低了交易风险，也使波交所为成员提供准确的信息服务成为可能。

（3）组织机构。波交所实行董事会制，董事会下设仅有 20 余人的秘书部进行日常业务管理，负责监督、分析市场变动，为会员提供服务等。另外还设有会员部、财务部和市场部。波交所为海运、商品、船舶交易提供良好的交易场所和信息服务，并协助会员解决交易纠纷。据统计，波交所目前已有约 600 家公司会员、1500 名个人会员，遍及世界各地的船东、商人、船舶经纪人，甚至港口经营人、代理商，以及其他与国际航运界有关的机构。

（4）产品服务。波交所在每个交易日结束后，都根据当日成交情况计算发布即期交易和远期交易成交价格水平的指数，即 BFI（Baltic Freight Index）指数和 BIFFEX（Baltic International Freight Exchange）指数。1999 年 9 月 1 日，波交所将原来反映巴拿马型船和好望角型船的 BFI 指数分解成波罗的海海岬型船运价指数（BCI）和波罗的海巴拿马型船运价指数（BPI）两个指数，与已设立的大灵便型船运价指数（BHI）共同组成三大船型运价指数，指数构成的航线达到 24 条。同年 11 月 1 日，在 BCI、BPI 基础上产生的波罗的海干散货运价指数（BDI）取代了 BFI 指数，成为代表国际干散货运输市场走势的晴雨表。

---

[1] 叶德赞 . 德国波罗的海研究所的科研与管理 [J]. 厦门科技，1999（2）：18-19.

| 2.4 日本智库 |

2.4.1 日本智库的影响力

根据宾夕法尼亚大学《全球智库报告(2019)》,2019年日本有世界知名智库128家,在世界各国中排第9位。智库增长率居于印度、俄罗斯、阿根廷、意大利之后排第6位,高于中国的16.55%。其中,日本国际问题研究所(Japan Institute of International Affairs, JIIA)在全球智库中排第13位(比2015年提高2位),亚洲开发银行研究所(Asian Development Bank Institute, ADBI)排第24位(比2015年提高5位),中曾根平和研究所(Institute for International Policy Studies, IIPS)排第117位(比2015年提高1位),日本防卫厅防卫研究所(National Institute for Defense Studies, NIDS)排第138位(比2015年提高3位),综合研究开发机构(National Institute for Research Advancement, NIRA)退出世界前176位。其中,亚洲开发银行研究所(ADBI)由于总部设在日本,所以把它划入日本智库之列。

2.4.2 日本智库的发展

日本重视智库研究可以追溯到明治政府。19世纪初,日本"外舶迭来,海疆多事",兴起"开眼看世界"的潮流。特别是1853年,美国东印度舰队强行驶入日本江户湾,以武力逼迫幕府通商开放之后,日本人的救亡图存意识愈发强烈。进入明治时代后,睦仁天皇于1868年颁布了包括"广兴会议,万机决于公论""上下一心,盛行经纶"和"广求知识于世界,大振皇基"在内的《五条誓文》,称为"国皇五誓"。明治政府当时提出"国民皆学"口号,在推进国民启蒙的同时,高度重视自身建设,提出"不知《易》(《易经》)者,不得入阁"。明治初期的日本近代教育之父、著名启蒙思想家福泽谕吉主张,"学问的要诀,在于活用,不能活用的学问,便等于无学"。1906年设立日本满铁调查部,用于调查研究中国东北及苏联远东地区的政治、文化、社会、经济、自然科学等内容,它可以说是近代日本智库的先行者。二战后日本智库发展大致经历了五个阶段。

1)二战后初期至20世纪60年代中期的萌芽阶段

美国主导的日本"战后改革"催生了一批高水平智库。1946年原满铁调查部部分人员创立了九州经济调查会。同年日本松下电器创始人松下幸之助创立了PHP(Peace and Happiness through Prosperity)研究所,旨在践行"给予世界和人民繁荣、和平、幸福"的使命。1959年12月,日本前首相吉田茂仿效美国对外关系协会和英国皇家国际事务研究所,成立了日本国际问题研究所(JIIA)。此后,随着日本经济的高速发展,一批营利性法人智库先后成立，如1962年日本经济调查协会，1963年日本经济研究中心、东北经济开发中心、北陆经济调查会、关西社会经济研究所等，主要服务于中央和地方中长期经济计划。

2）20世纪60年代中期至80年代中后期的发展期

智库概念正式引入日本，是日本智库快速发展的时期。1965年，日本首个现代智库野村综合研究所成立，野村综合研究所脱胎于野村证券，于2001年在东京证券交易所上市，目前已是日本名副其实的规模最大、盈利最多的智库。1966年日本能源经济研究所、1969年社会工学研究所相继成立。进入20世纪70年代，日本经济飞速发展带来了一系列政治、经济、文化和环境等问题，在日本政府支持下，日本迎来了智库发展的第一次高潮期，而1970年也被称之为“日本智库元年”[1]。1970年三菱综合研究所、1971年未来工程学研究所先后成立。1973年田中角荣执政时期，日本国会推出了《综合研究开发机构法》，为日本智库行业规范协调发展提供了法律依据。1974年3月日本产业界、学界、地方公共团体等共同发起成立日本综合研究开发机构（NIRA），该机构被视为日本智库总管，每年跟踪调查智库，发布《智库年报》。1975年，日本成立了智库协议会，该会作为日本智库行业协会对于加强日本智库间协同发展、避免恶性竞争具有重要指导作用。1980年日本自民党成立了日本战略研究中心，属于党派智库，以研究防卫问题为主。1980年后，为适应日本国家金融与信息产业大力发展的现实需要，银行、保险及通信领域的专业智库蓬勃发展。如三井银行综合研究所（后更名为日本综合研究所）、朝日银行综合研究所、富士综合研究所（后更名为瑞穗综合研究所）[2]。野村综合研究所在此期间与野村计算机合并，成为日本IT领域的智库巨头。1985年地方智库协议会成立，旨在综合协调地方智库。

3）20世纪80年代中后至90年代初期的飞跃期

这一时期日本智库由200多家爆发式增长到300多家。如三和综合研究所（后改为三菱UFJ调查咨询公司）、安田综合研究所（后改为损保日本综合研究所）、住友生命综合研究所等。这些智库多数为营利性，项目大多来自委托研究。

4）20世纪90年代初期至21世纪初的成熟期

随着日本经济泡沫破裂，日本大大小小的智库纷纷面临资金来源压力，来自政府和社会团体的委托项目大幅减少以及母公司经营环境恶化，大量企业、银行、证券行业的智库不得不退出或重组。许多日本智库开始脱离政府或企业，向多元化和非营利性独立研究方向发展[3]。这些智库类型包括NPO型、高校附属型、任意团体型、学会型、自治体内部设置型等智库，如日本公共政策学会。1997年亚洲经济危机爆发后，日本智库发展出现小高潮，当年就有多家非营利性独立研究智库成立。如经济团体联合会的21世纪政策研究所、藤田未来经

---

[1] 鈴木崇弘·上野真城子．のシンクタンク”知”と”治”を結ぶ装置[M]．サイマル出版社，1993：202-203.

[2] 张锋．日本智库与日本外交决策[M].2019：44.

[3] 郭周明．日本智库为何能产生“经世之学”．http://dss.ccnu.edu.cn/ 中国农村发展智库平台，2020-4-30.

营研究所、以官僚为主进行政策提案活动的构想日本，以及独立智库国际研究奖学财团（后改为东京财团）。1997 年又称为非营利性独立智库元年。1998 年以革新派学者、记者为中心政策性研究网络平台非营利性智库 21 世纪政策构想论坛成立。

5）21 世纪初至今的调整期

随着财政困难加剧，2004 年前后有多家智库解散或者缩小规模。政党智库昙花一现，如民主党的市民政策调查会（2001 年成立）和公共政策平台（2005 年成立），自民党的智库 2005·日本（2006 年成立），除了市民政策调查会以外，都在 2009—2011 年解散。此后，日本智库更趋多元化发展，如 2007 年 3 月成立的有“小泉智库”之称的国际公共政策研究中心，2008 年 12 月成立的以全球性政策研究为主的佳能集团国际战略研究所，2008 年 12 月成立的以保守知识分子为中心的国家基本问题研究所，2010 年 4 月成立的以研究企业社会性问题为主的理光经济社会研究所，以及关西地区亚洲太平洋研究所（API）等[1]。

2.4.3 日本智库的类型

依据智库的组织形态，日本智库大致可以分为官方智库、半官方智库、企业智库和社会智库等四种。

1）官方智库

日本的官方智库主要是指直接隶属于政府及各个部门的智库组织。如日本经济社会研究所（隶属于内阁，简称“ESRI”）、日本防卫厅防卫研究所（NIDS）、财务省财务综合政策研究所（PRI）、日本银行的金融研究所（IMES）等，其经费全部来自政府预算。

2）半官方智库

半官方智库主要指独立行政法人形态的智库。独立行政法人的财源由政府编列预算提供，在预算范围内向其拨付业务运营所需的金额。与政府部门预算相比，独立行政法人运营费预算并不特别规定资金的明细用途，在中期目标期间内还允许结转使用。日本的一些智库如经济产业研究所（RIETI）、产业技术综合研究所（AIST）、情报通信研究机构（NICT）等都属于独立行政法人，它们大多数是由政府各部门剥离出来成立的。

3）企业智库

企业智库或者株式会社类（Corporation）是日本智库的主力，其组织形态分为营利型社团法人和一般营利型财团法人，以营利为目的，实行企业化运作。如野村综合研究所（NRI）、大和总研（DIR）、日本综合研究所（JRI）等企业系的智库都属于营利社团法人。此外，还有一般财团法人，如日本系统开发研究所、地球产业文化研究所（GISPRI）、行政管理

[1] 程永明．日本智库的发展现状、特点及其启示 [J]. 东北亚学刊，2015（3）：22-27.

研究中心（IAM）等。大多数地方银行系的智库（如隶属于青森银行的青森地域社会研究所、隶属于静冈银行的静冈经济研究所等）都属于一般财团法人。

4）社会智库

社会智库是影响力很大的智库，属于非营利（NPO）型，分为公益社团法人、公益财团法人、社会非营利活动法人、中间法人等四种。如日本调查综合研究所、世界经济研究协会等都属于公益社团法人；日本国际问题研究所（JIIA）、中曾根平和研究所（IIPS）、综合研究开发机构（NIRA）、日本国际论坛（JFIR）、笹川和平财团海洋政策研究所（TJFOIRI）等都属于公益财团法人；SOHO 智库、社区智库、智库九州等则属于非营利法人；第四类是中间法人型，是以成员的共同利益为目的，且不以将剩余资金向成员分配为目的的团体，是既非公益也非营利性质的团体。如民主党设立的“公共政策平台”即属此类。

2.4.4 日本智库的研究领域及项目来源

根据日本综合研究开发机构（NIRA）对 2014 年 181 家智库的调查，日本智库的主要研究领域（或擅长）如表 2-1 所示，经济、综合、国土开发与利用、产业研究等 4 个领域的智库所占比例达 62.4%，交通领域 10 个智库占 5.52%。从研究成果的分布看，如表 2-2 所示，经济、国土开发与利用、产业、环境、国际问题等 5 个领域的成果占 56.35%，交通领域占 5.91%，其中港湾仅占 0.18%。

根据日本综合研究开发机构（NIRA）调研报告，日本智库项目来源渠道主要有中央省厅、地方公共团体、政府机构公益法人、营利法人及其他等 5 个方面，如表 2-3 所示。从 2007 年到 2012 年，日本智库接受委托的项目成逐年降低趋势，如图 2-2 所示，其中，中央省厅、政府机构公益法人的项目逐年下降，地方公共团体项目呈先增长后降低趋势，营利法人项目比较稳定，而其他项目变化幅度较大。

日本各研究领域智库数量[1]　　表 2-1

研究领域	智库数（个）	研究领域	智库数（个）
经济	34	国际问题	7
综合	31	国民经济	7
国土开发与利用	28	资源能源	6
产业	20	福利医疗教育	5
政治行政	12	文化艺术	5
交通	10	通信情报	3
环境	10	科学技术	3

资料来源：日本総合研究開発機構．シンクタンク情報 2014 の調査結果 の 概要 [R].2014-3：4.

[1] 程永明．日本智库的发展现状、特点及其启示 [J]. 东北亚学刊，2015（3）：22-27.

日本智库研究成果数量及所属领域[1]　　表 2-2

研究领域	研究方向	成果数量（项）	总数
经济	劳动就业	147	731
	企业经营	116	
	人口问题	16	
	区域经济	179	
	一般经济问题	273	
国土开发与利用	国土及地方规划	89	332
	地区开发	139	
	都市开发	104	
产业	产业技术	33	297
	商业服务流通业	41	
	建筑业	21	
	农林水产业	87	
	一般产业	115	
环境问题	气象	0	230
	防灾减灾	62	
	废弃物	32	
	公害	3	
	一般环境问题	133	
国际问题	国际交流	23	176
	国际经济	133	
	国际关系与外交	21	
政治行政	法律政策	14	173
	地方自治行政问题	108	
	一般政治行政问题	51	
福利医疗教育	教育	28	167
	医疗保健	68	
	福利	71	
国民生活	居民参与居民运动	29	165
	休闲	52	
	消费	26	
	一般国民生活问题	58	
交通	铁路机场	32	161
	港湾	5	
	道路	24	
	交通物流	100	
资源能源	新能源	59	153
	一般资源能源问题	94	
文化艺术	艺术	3	59
	文化行政政策	27	
	一般文化问题	29	

[1] 程永明 . 日本智库的发展现状、特点及其启示 [J]. 东北亚学刊，2015（3）：22-27.

续上表

研究领域	研究方向	成果数量（项）	总数
情报通信	情报	18	53
	通信	35	
科学技术	科学技术	11	29
	一般科学技术问题	18	

资料来源：日本総合研究開発機構．シンクタンク情報 2014 の調査結果 の 概要 [R].2014-3：6.

日本智库主要渠道项目数量及构成　　表 2-3

年份	中央省厅项目	地方公共团体项目	政府机构公益法人项目	营利法人项目	其他项目	合计
2007 年	658 个	890 个	494 个	185 个	76 个	2303 个
占比	28.57%	38.65%	21.45%	8.03%	3.30%	100.00%
2008 年	606 个	827 个	342 个	172 个	189 个	2136 个
占比	28.37%	38.72%	16.01%	8.05%	8.85%	100.00%
2009 年	653 个	1013 个	327 个	174 个	97 个	2264 个
占比	28.84%	44.74%	14.44%	7.69%	4.28%	100.00%
2010 年	542 个	934 个	236 个	189 个	95 个	1996 个
占比	27.15%	46.79%	11.82%	9.47%	4.76%	100.00%
2011 年	380 个	857 个	200 个	175 个	103 个	1715 个
占比	22.16%	49.97%	11.66%	10.20%	6.01%	100.00%
2012 年	369 个	769 个	201 个	175 个	96 个	1610 个
占比	22.92%	47.76%	12.48%	10.87%	5.96%	100.00%

资料来源：日本総合研究開発機構．シンクタンク情報 2014 の調査結果 の 概要 [R].2014-3：10.

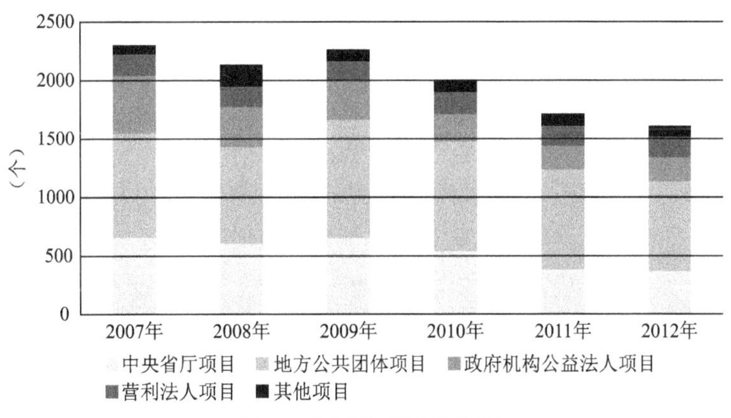

图 2-2　日本智库项目来源情况

2.4.5 日本智库的经费来源

日本智库的经费来源在很大程度上受其组织形态的影响和制约，并日趋多元化。虽然智库经费受制于上述智库的组织形态，但组织形态内部，其经费来源的比例也不尽相同，大致可以分为五种类型。

1）官方和半官方智库经费全部或绝大部分源于政府

直接隶属于中央政府及各省厅的研究机构，其经费预算均由国家提供，经费充足，这类机构除接受政府下达的研究任务外，也展开独立研究。半官方机构性质的独立行政法人智库，其绝大部分经费来源于国家预算。如日本国际问题研究所（JIIA），是日本在外交领域的第一家智库，尽管属于公益财团法人形态，但其作为与国家有特别密切关系的机构，根据日本政府的“补助金适当化法”，其部分经费来源于政府的补助金。日本经济产业研究所属于非公务员型的特殊行政法人、著名的政策型智库，以研究贸易投资、产业政策等为主。其总体收入中，国家拨付的运营费占绝对多数，而来自委托研究、社会科学普及业务、赞助、科学研究等的其他收入不到1%。

2）企业智库全部或绝大部分由企业出资

企业智库是日本智库中的主体，其特点是一家企业或多家企业为其股东，实行企业化运作，经费全部由企业提供。如农林中金综合研究所，以对农林水产业、食品、环境有关领域的中长期研究和相关调研为主，前身是农林中央金库于1950年设立的调查部，1990年完全子公司化，成立了农林中金综合研究所，公司资产达3亿日元。日本综合研究所（简称“日本综研”）为股份公司，以政策提案及客户要求对政治、经济、社会等各个领域进行调研工作，1969年从住友银行分离出来成立了“日本信息服务股份公司”，1989年改称日本综合研究所，目前其股东为三井住友金融集团，资本金达100亿日元。丸红经济研究所则由丸红集团等多家企业投资成立，主要根据丸红集团及相关企业的需求展开调查研究。

3）社会智库以会费以及捐款收益为主

一些特定非营利活动法人（NPO）社会智库组织主要以社会赞助为其收益主要来源。如SOHO智库创立于2002年，主要以学术团体、行政团体、企业为其赞助会员，通过调查研究、提供信息、产品企划等提供智力支持。日本国际论坛实行会员制，其经费来源基本依靠会费收入，其中企业的法人会员会费是其主要经费来源部分，企业会员在提供资金的同时也参与智库的研究活动金。和平·安全保障研究所（RITFPA）于1978年10月由防卫厅和外务省牵头成立了日本的财团法人，其经费来源主要有三个：一是来自国内经济界的捐款；二是法人及个人的会费；三是由外国财团提供的研究经费。构想日本由原任职于日本大藏省的加藤秀树于1997年设立，该智库所有收益都来自会费，不接受政党等的委托，因此并不受来自政治家、企业及政党的影响，因而能够更加公正地探究日本社会的现在和未来。

一些一般财团法人型的智库也多以会费收入为主。如日本经济研究所前身是日本著名经济学家高桥龟吉于1932年成立的高桥经济研究所，战后于1946年重新组建为日本经济研究所。该研究所从1981年开始，其主要经费来源以日本政策投资银行为主的多家企业赞助为主，来自委托项目的收入为零，其事业主要是为相关企业提供信息交流的平台。而静冈经济研究所的会费收入高达79%，来自调查研究、委托研究等的经费约占20%。另有一些智库虽并没实行会员制，但其收益也主要来自社会各界的捐款，如公益财团法人德岛经济研究所，其收益全部来自捐赠，而地方自治综合研究所99%的收益来自捐款，只有1%是来自于委托研究收入。

4）财团智库以委托研究费、调研费及相关出版物的收益为主

大多数以一般财团法人为组织形态的智库为其主体，这些智库通过接受委托研究、自主研究、调查研究等形式为地方的经济、社会、文化等地方自治体的发展提供智力支持。如福岛经济研究所，来自银行等的委托研究收益占69.7%，来自杂志发行的收益占25.1%。北陆经济研究所，为北陆银行的全资子公司，来自调查研究、出版物等的收益占88.6%。青森地域社会研究所，来自自主调查研究的收入占23%，来自委托项目的收入占52%，会费收入占24.5%。冈山经济研究所来自研究会收入、出版物收入、委托研究的经费占61%，来自会费的收入占38%。

5）少数财团智库以基金收益为主

一些智库以基金收益为主，如东京财团（TF）、地球产业文化研究所。东京财团拥有两个世界规模的基金，其中1987年由日本财团设立的SYLFF基金，是一个来自各方提供的100万美元的基金，主要是为培养未来的精英人才提供奖学金。另一个是1994年由日本财团设立的日语教育基金，基金规模为150万美元，主要为世界各地的日语教育提供经费支持。东京财团的研究、调研费用主要来自对基金的运作收益。地球产业文化研究所，2012年总收入来自爱地球·博事业基金的收益占72%，来自委托研究等的收益仅占8.9%。

6）个别智库以办公楼收益为主

后藤·安田东京市政调查会，原称东京市政调查会，1922年由当时的东京都知事后藤新平创立，创立当初由安田善次郎提供了340万日元的捐款作为启动经费，并于1929年10月建成专用的市政会馆。后藤·安田东京市政调查会的研究、活动经费全部来自市政会馆的租户和租借会场所带来的收益。

2.4.6 日本智库发展存在的问题

1）多数为营利法人智库，仅靠研究难以维持机构的生存

企业型智库对母公司、母组织的依赖性大，缺乏独立性，研究周期短，研究成果的非公开性高，公益性较低。这类智库多集中于东京，只进行有资金的研究，规模较小，缺乏对国际问题和宏观经济问题的研究。而且基于专业性的真正的政策研究极少，对政策形成过程产生重大影响的成果少等。在20世纪90年代日本经济泡沫时期，由于来自政府、民间团体的委托项目大幅减少，智库间的竞争不断加剧，许多企业、银行、证券等行业的智库因经费困难不得不关闭、重组或者转为非营利智库（NPO）。如社会工学研究所转变为NPO法人，财团法人国民经济研究协会、西武综合研究所相继关闭。成立于1987年的住友生命综合研究所因母公司的合并整顿于2005年3月关闭。

2）调研收入在各类智库收入中所占比例并不高

根据日本综合研究开发机构于2003年对257家智库所做的调查显示，调研收入在各智库总体收入中的占比情况，回答有7成以上来自调研收入的智库占45.5%，回答有5成至7成的收入来自调研经费的占16.7%，有55%的智库表示研究资金不足。从智库组织形态来看，只有56.3%的社团法人、43.7%的营利法人和33.9%的财团法人其主要收益来自调研收入，对现有经费来源比例表示不满的智库高达62.1%，仅有15.3%的智库对目前经费来源的比例表示满意。

3）多数非营利性智库经费不充足

2005年非营利性独立智库21世纪政策构想论坛因失去赞助商支持而处于活动停止状态。一些党派型智库也难逃经费拮据困境。2005年，由民主党100%出资设立的公共政策平台，于2009年因资金问题而中止活动。自民党于2006年3月15日设立的智库2005·日本，虽然采用召集内阁成员、自民党有经验的工作人员以“日本政策讲座”的形式运作，召开过约20次的讲座，曾邀请小泉纯一郎、中曾根康弘、森喜朗、竹中平藏、麻生太郎等进行过演讲，并曾于2007年6月、2008年1月于成甲书房出版过《自民党的潜力》《自民党的智慧》等两部书。但该智库还是于2011年2月28日由于经费问题而宣布解散。

4）缺乏必要的资金支持，导致许多社会智库未能做大做强

一些地方型智库运转得较为顺利，其原因在于它们多以地方的经济、社会、文化等作为主要调研项目，切实为地方做出了应有贡献。而一些涉及外交政策、国际问题的智库则不同，缺少来自政府的委托收益、政府研究补助或来自财团的资金支持。一方面是以外交、安保、国际问题为主题的财团较少，而且上述研究课题与企业经营并无直接关系，因而很难得到企业等经济团体的资金支持。大多数日本的智库自主支配的资金较少，因此一定程度上对其开展独立自主研究产生影响，进而影响了智库研究的独立性。

2.4.7 日本智库的经验借鉴

尽管日本智库相较于欧美等国稍有逊色，但在文化传统方面与中国比较接近，因此仍有许多地方值得我国借鉴。

1）政府与智库保持畅通交流渠道

日本政府做出重大决策前一般以“咨询会”“审议会”“恳谈会”等形式召集智库专家调研论证。许多政要还拥有自己的智库组织或智囊团。政府官员与智库之间存在着“旋转门”。

2）日本智库最大特色是调查研究

日本智库以调查研究为机构名称或以调查研究为主要工作的不占少数，在研究方法上往往从对某一问题进行全面深入调查研究开始，有些项目要持续多年甚至数十年跟踪研究，得出的结论或者成果具有较强的针对性和可操作性。

3）高度重视和共享信息资源

日本智库除了深入细致的调查研究之外，无论是官方的还是社会的都极其重视信息收集与分析，拥有庞大的信息网络，而且信息大多数都能共享。

4）重视复合型智库人才培养

日本智库不同于大学的学术研究，大都从事跨学科跨行业的综合研究，对于具有多学科背景、善于多视角分析的复合型人才比较偏好。

5）同一研究课题多家智库同时研究

智库之间不会因为研究同一个题目而互相规避，委托方也不会介意把同一个题目委托多个智库研究。为了保障研究内容尽可能做到全面、客观，便于详尽地将各地各个阶层不同的观点、建议反馈上来，避免偏听偏信，多采用统一研究课题由多家智库同时研究的方式。

6）积极扩大智库影响力和国际知名度

日本智库一般采用英文和日文两种形式发布研究报告，其网站同样采用两种语言，研究人员的许多文章和研究成果首先在自己的网站上登载，并寄送国内外相关机构和专家学者，在扩大影响时关注外界的反响与评价。有些智库还通过国际合作研究、成果发布会、媒体推介等形式扩大影响力。专家学者也比较喜欢参与评论，形成研究与社会互动的良性智库发展环境。

2.4.8 日本典型智库

1）日本国际问题研究所

——智库影响。根据宾夕法尼亚大学《全球智库报告（2019）》评比，日本国际问题研究所（JIIA）居全球第13位、亚洲和日本第1位。2008年该智库首次列入《全球智库报告（2008）》排名亚洲第2名，自2014年开始列为亚洲第1名智库，全球第14名或第13名。2012年认证为公益财团法人，从成立以来作为日本外务省的外围研究机构和国际问题核心研究机构，其开展的“二轨外交”（官方外交为“一轨外交”，非官方外交为“二轨外交”）为日本国际问题研究和日本国际地位的提高做出了突出贡献。

——智库定位。日本国际问题研究所作为非营利性独立的研究机构，创立之初的定位是以英国皇家国际事务研究所为规范的、围绕外交和安全保障开展研究的综合性政策智库。目的是开展国际事务研究，科学审视日本外交政策，并且为指定政策提供建议，传播有关国际事务知识和信息，确保日本外交事务的良好管理，并为世界的和平与繁荣提供资源、做出贡献。

——**智库发展。**日本国际问题研究所1959年12月在当时日本首相吉田茂倡导下成立，吉田茂担任首位会长。该智库从行政关系上隶属日本外务省，1963年被批准为特定的公益促进公司，1981年成立太平洋经济合作理事会(Pacific Economic Cooperation Council，PECC)秘书处，1994年成立亚太安全合作理事会(Council for Security Cooperation in the Asia-Pacific，CSCAP)秘书处，1996年建立促进裁军与不扩散中心，2010年第十九届PECC大会在日本举行JIIA成立50周年，2012年JIIA被认证为公益财团法人，2014年与世界经济研究所合并。

——**智库架构。**日本国际问题研究所由评议员会、总法律顾问、董事会和4个研究中心组成。①最高决策机关——评议员会。研究所共设有18位议员，评议员会由所有议员组成。评议员会拥有对总法律顾问和董事人员的选任及章程的变更进行决议的权利，以对研究所起到监督作用，使其维持良好的运作。②总法律顾问。研究所共设有7名总法律顾问，总法律顾问是具有法律顾问资格和丰富企业经验的内部高级管理人员，他们直接对法人代表负责。总法律顾问职责是参与研究所的重大经营决策，并且依法提出意见，以保证研究所的依法经营，维护各员工的合法权益。③董事会。日本国际问题研究所董事会由主席、副主席、总裁、秘书长、审核员和各董事组成。董事会需对研究所的业务执行进行相关的决议，其中主席负责总体管理研究所的各项事务，由于研究所是日本外务省的外围组织，因此在主席人选的确定上有一定的安排，一般来说主席人选可反映出其在日本政治或经济等领域的影响力。④研究所内设立了4个专门的研究中心，分别是亚太安全合作理事会日本委员会、太平洋经济合作理事会日本委员会、裁军与核不扩散促进中心和日本信息中心。⑤研究人员。研究人员是日本国际问题研究所的核心，研究人员分为专职研究员、兼职研究员和访问研究员3种。研究人员主要来自5个方面，包括官员5人、专职研究员10人、高校学者10人、产经界人士1和其他3人，共29人。如图2-3所示。从其研究人员构成看充分显示其学术性、权威性和代表性，是一种“研学官产”结合的运行机制，人数虽然不多，但成果质量和影响力非常高。

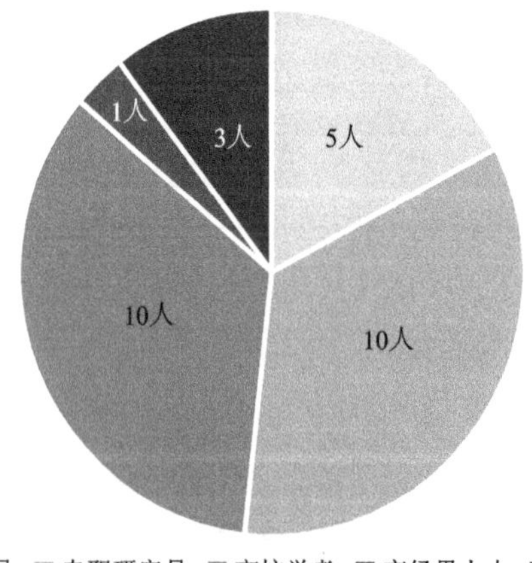

图2-3 日本国际问题研究所研究人员构成

——智库研究。日本国际问题研究所主要关注国际社会面临的安全和经济等问题，将其研究内容根据地区的不同，大致分为了亚太地区、东北亚地区、美洲、欧洲、俄罗斯和独联体国家、中东和非洲6大板块，每个板块下开展多个研究项目，各个研究项目并不独立在一个板块研究而是与其他板块相互联系，如表2-4所示。

日本国际问题研究所主要研究内容[1] 表2-4

研究板块	研究内容	研究项目
亚太地区	在以合作与竞争为特征的亚太地区国际关系背景下，JIIA致力于解决亚太地区的经济、政治和安全问题，并深入研究日本在亚太地区所发挥的作用	（1）自下而上的评论（安全政策）； （2）印度太平洋地区的法治——日本加强全球公共产品的外交政策
东北亚地区	日本的安全与繁荣与亚洲大陆和朝鲜半岛的情况密切相关，JIIA开展关于中国和朝鲜半岛的各种项目，以期在“以共同战略利益为基础的互利关系”中与邻国合作共赢	（1）中国的外交政策和其他国家的对华政策； （2）处于“不确定时代”的朝鲜半岛和日本的外交
美洲	日本与美国的相互合作与安全条约成为战后日本外交政策的基石。JIIA开展关于美国国内政治和外交政策以及日美关系的研究项目，为政策制定者和有关人员提供建设性的建议	（1）特朗普政府的外交政策和日美关系； （2）中东现状和能源问题； （3）民粹主义和人口转移（移民和难民）问题分析
欧洲	JIIA一直寻求与欧洲领先的智库建立密切的关系，研究所对欧洲的研究主要集中在欧洲一体化、经济、外交政策、能源和安全方面	（1）欧洲经济； （2）中东现状和能源问题； （3）民粹主义和人口转移（移民和难民）问题分析
俄罗斯和独联体国家	JIIA定期组织有关于俄罗斯和新独立国家转型等问题的研究小组，对前苏联和俄罗斯以及独联体国家进行深入细致的研究	后普京时代的俄罗斯
中东和非洲	中东和非洲作为能源和材料的主要来源地促进了全球繁荣，同时这些地区面临的问题也严重影响了日本和世界其他地区。JIIA对这些地区的内外当前情况进行了全面的分析	（1）中东现状和能源问题； （2）民粹主义和人口转移（移民和难民）问题分析

——智库经费。日本国际问题研究所经费来源主要有：会费收入、社会捐款、研究收入、出版和其他收入（主要为银行利息收入）等。根据JIIA《结算报告书（2016—2018）》，如表2-5所示，三年社会捐助16.620亿日元占总经费的62.919%，委托研究收入7.627亿日元占28.875%，其次为会费收入1.752亿日元占6.634%。从经费支出情况研究费用三年合计23.363亿日占89.3%，行政费用2.800亿日元占10.7%，收支略有结余，如表2-6所示。其中研究费用主要包括研究人员工薪福利、差旅费和其他资料费等；行政支出费用主要包括管理人员工资福利和维持、研究、日常各项费用等。

日本国际问题研究所经费来源明细（单位：万日元） 表2-5

名 称	2016年	2017年	2018年	三年合计	各类收入比例（%）
会费	5949.2	5753.6	5820.6	17523.4	6.634
捐助	41490	42322.6	82389.8	166202.4	62.919

[1] 李睿，唐晗．日本智库的管理机制与运行模式——以日本国际问题研究所为例[J]．智库理论与实践，2019（4）：74-80.

续上表

名　称	2016年	2017年	2018年	三年合计	各类收入比例(%)
委托研究收入	25308.2	25038.8	25926.4	76273.4	28.875
补贴研究收入	2235.2	137.6	144.4	2517.2	0.953
出版	150.4	142.8	691.5	984.7	0.373
其他	170.7	250.6	229.6	650.9	0.246
合计	75303.7	73646	115202.3	264152	100.000

日本国际问题研究所经费支出明细(单位:万日元)　　表2-6

名　称	2016年	2017年	2018年	三年合计	各类支出比例(%)
研究费用	65793.6	64059.6	103779.5	233632.7	89.3
行政费用	8632	8589	10782.7	28003.7	10.7
合计	74425.6	72648.6	114562.2	261636.4	100.0

——**智库出版。**日本国际问题研究所的出版物包括《国际事务》《日本评论》《AJISS-Commentary》三本期刊。这三本期刊为研究人员提供了展示才能的舞台,以及为业界提供了交流平台。JIIA还出版了一系列研究报告和图书,在JIIA一系列研究中,中国问题一直是其关注重点。

——**交流宣传。**JIIA积极开展国际交流,如:2018年的JIIA与莫斯科国际问题研究所交流会;东盟合作——东盟成立50年后的日本研讨会;美国人如何在特朗普时代看世界和彼此的日美安全研讨会;第八届JIIA与中国现代国际关系研究所交流会;日本—西班牙——志同道合的国家之间的战略合作会议;繁荣与稳定的起源——20世纪亚洲国家的建设会议;WTO的作用及世界贸易体系面临的挑战等国际会议与研讨会。JIIA采用多种传播手段、借助各类型的媒体平台传播和宣扬研究成果,除了在官网上发布其最新的研究成果外,也会通过Facebook、Youtube等媒体宣传,研究所下属的研究员们也经常通过个人账户传播他们的研究成果,发表个人的意见和观点。

2)日本交通政策研究会

——**智库性质。**日本交通政策研究会(The Japan Research Center for Transport Policy),为公益社团法人,属于日本国土交通省内设政府机构。基本职责是开展与交通政策相关的学术性、综合性的调查和研究,促进国民对日本交通政策的理解。

——**智库研究。**日本交通政策研究会主要从事基于社会需求的人流、物流等重要社会经济活动研究。智库研究主要由正式会员、赞助会员以及主要合作伙伴参与。研究项目包括6类:一是自主研究,一般由正式会员提出,然后从中选题研究;二是共同研究,即与赞助会员合作研究;三是特别研究,对于社会关注的问题通常进行重点研究;四是新人研究,为了培养和指导有抱负的年轻研究人员所进行的研究;五是委托研究,接受政府及社会组织委托进行的研究;六是各类提案。研究成果包括中央和地方政府、大学、研究机构及其他社会机构所关注的提高生活品质的交通政策的形成。该公共政策研究机构的最基本职责是提交调查研究报告。研究报告通过座谈会、论坛、讲座和其他活动的形式传播。研究活动和研究成果通过简报发布。交通政策研究课题立项需要依据一定时间的经济社会条件予以确定。近年来，日本交通政策研究会已经确定和掌握了一些应对各种挑战的特定研究课题。例如，需要面对的各种挑战，包括防止全球变暖、自然资源和能源保护、出生率降低对于经济社会的影响、人口老龄化和人口数量降低、发展安全舒适交通系统、传统物流系统精简和全球化、城市和边远地区差增大以及道路维护和改善的资金问题等。

——**智库发展。**日本交通政策研究会 1971 年 12 月 24 日成立。其前身“运输经济研究中心”于 1968 年成立。2008 年日本交通政策研究会被批准为一般社团法人，2010 年 2 月 1 日确定为公益社团法人。

——**智库架构。**日本交通政策研究会设理事长 2 人，常务理事 2 人，理事 9 人，监事 2 人。有会员 95 名（基本由各大学教授组成），赞助会员 19 人（相当于赞助商）。

——**智库收支。**日本交通政策研究会 2018—2019 年经费收入，主要来自赞助会员费 1.394 亿日元占总收入的 81.279%，受托（相互帮扶）事业费收益 0.069 亿日元占 4.018%，正式会员会费 0.027 亿日元占 1.574%，如表 2-7 所示。日本交通政策研究会 2018—2019 年经费支出，如表 2-8 所示，主要包括事业费 1.277 亿日元占总费用的 74.36%，管理费 0.440 亿日元占 25.64%。其中事业费中，课题研究费 0.578 亿日元占总费用的 33.64%，加班补贴费 0.246 亿日元占总费用的 14.33%，租车费 0.155 亿日元占总费用的 9.07%。管理费中，加班补贴费 0.204 亿日元占总费用的 11.9%，租车费 0.096 亿日元占总费用的 5.59%。

——**智库刊物。**出版物有《交通政策透视》（TRANSPORT POLICY IN PERSPECTIVE），以及 A、B、C、D、E 5 种系列研究报告，研究成果报告书 DVD 版等。

日本交通政策研究会经费收入情况（单位：日元） 表 2-7

收入项目	2018 年	2019 年	两年合计	各项收入占比（%）
特定资产利息收益	120013	166397	286410	0.167
入会费	30000	15000	45000	0.026
正式会员会费	1380000	1320000	2700000	1.574
赞助会员会费	69700000	69700000	139400000	81.279
受托（相互帮扶）事业费收益	3445200	3445200	6890400	4.018
交通政策研究费	0	0	0	0.000
道路经济研究费	6000000	3000000	9000000	5.248
驻车政策及交通政策研究费	8000000	5000000	13000000	7.580
银行利息	558	592	1150	0.001
其他权益	74885	110850	185735	0.108
合计	88750656	82758039	171508695	100.000

资料来源：日本交通政策研究会 . 正味財産増減計算書 .2020-6-21，http://www.nikkoken.or.jp/pdf/jyouhou/07.pdf.

日本交通政策研究会经费支出情况（单位：日元） 表 2-8

序 号	支出项目	2018 年	2019 年	两年合计	各项费用占比（%）
1	事业费	66573160	61131211	127704371	74.36
1.1	课题研究费	29058539	28707857	57766396	33.64
1.2	研究总括费	1293971	1234878	2528849	1.47
1.3	座谈演讲会费	1792467	1605167	3397634	1.98
1.4	研究资料收费制作费	500058	293573	793631	0.46
1.5	研究报告书刊发行费	2934492	3778416	6712908	3.91
1.6	受托（相互帮扶）事业费	2401424	2294538	4695962	2.73
1.7	职员报酬	2610000	2610000	5220000	3.04
1.8	加班补贴	14479233	10131663	24610896	14.33
1.9	退职减值费	297411	297907	595318	0.35
1.10	福利费	3039273	1973819	5013092	2.92
1.11	通信费	90715	89494	180209	0.10
1.12	家具备品	0	0	0	0.00
1.13	事务所管理费	304548	301777	606325	0.35
1.14	租车费	7771029	7812122	15583151	9.07
2	管理费	22084401	21949092	44033493	25.64
2.1	职员报酬	2272973	2250699	4523672	2.63
2.2	加班补贴	10202313	10226404	20428717	11.90
2.3	退职减值费	543142	544048	1087190	0.63
2.4	福利费	2030742	1977620	4008362	2.33
2.5	交通差旅费	12168	12866	25034	2.30
2.6	酬谢费	543648	543648	1087296	0.77
2.7	会议费	665538	664759	1330297	0.77
2.8	通信费	169345	141133	310478	0.18
2.9	家具备品	0	0	0	0.00
2.10	易耗品	99167	84611	183778	0.11
2.11	印刷费	100384	70278	170662	0.10
2.12	事务所管理费	450971	456999	907970	0.53
2.13	租赁税	70000	70000	140000	0.08
2.14	租车费	4808231	4786965	9595196	5.59
2.15	杂费	115779	119062	234841	0.14
合计		88657561	83080303	171737864	100.00

资料来源：日本交通政策研究会．正味財産増減計算書.2020-6-21，http://www.nikkoken.or.jp/pdf/jyouhou/07.pdf.

3）日本国土技术政策综合研究所

——智库性质。日本国土技术政策综合研究所（National Institute for Land and Infrastructure Management，NILIM 简称"国综研"），属于日本国土建设交通观光省的职能部门，是日本唯一的公共资本（资产）研究机构，为日本国土建设交通观光省提供技术政策计划和建议，并增进大众满意度以实现日本国土建设交通观光省提出的创造“美丽、安全和生机勃勃国土”的目标。

——智库使命。国综研的使命是要有胸怀大地的整体意识，研究提出国家政府能够实施的政策。其目标是满足行政管理需要和应对未来挑战，在研究中不断取得进步。国综研优先选择和确定应对的挑战就是那些需要集中精力研究和能够快速解决问题的技术政策，包括国防和交通安全保障、有利于国家和区域稳定和充满生机以及推动经济发展、公共基础设施政策等。

——智库职责。国综研所进行的政策研究都离不开与日本国土建设交通观光省总部的合作，并在编制规划、制定政策和执行项目中能准确反映其发现的问题。主要职责：一是进行调查研究以支撑行业规划、政策建议和项目实施；二是依据法规制定技术标准草案；三是提供房地产和公共资本技术指导等。

——智库架构。国综研设所长 1 名，副所长 2 名，研究总务官 2 名。下设总务部、企画部、管理调整部、下水道管理部、河川研究部、土砂灾害研究部、道路交通研究部、道路构造物研究部、建筑研究部、住宅研究部、都市研究部、沿岸海洋防灾研究部、港湾研究部、空港研究部、社会资本（资产）管理中心等 15 个部门。另外，还有 5 个跨领域的研究组织，包括防灾减灾研究推进本部、维护研究推进本部、环境研究推进本部、气候变动适应研究本部、i-Construction 推进本部等。如表 2-9 所示。

日本国土技术政策综合研究所机构设置和管理人员表 表 2-9

总务部 部长 调查官 福利厚生官 契约财产管理官 人事厚生课长 总务课长 会计课长 总务管理官（筑波旭市）（兼任） 总务管理官（立原市）	**企画部** 部长 评价研究官 基准研究官 协调研究官 建设技术政策分析官（兼任） 企画课长 研究评价推进课长 施设课长 国际研究推进室长 网络安全对策情报利活用推进官	**管理调整部** 部长 港湾技术政策分析官 情报施工系统研究官 管理课长 企画调整课长 技术情报课长 积算支援业务课长 国际业务研究室长	**下水道管理部** 部长 下水道研究官 下水道能量机能复旧研究官 下水道处理研究室长
河川研究部 部长 河川构造物管理研究官 水防灾系统研究官 水环境研究官 河川研究室长 海岸研究室长 水循环研究室长 大规模河川构造物研究室长 水害研究室长	**土砂灾害研究部** 部长 深层崩坏对策研究官 砂防研究室长 土砂灾害研究室长	**道路交通研究部** 部长 道路研究官 道路防灾研究官 道路研究室长 道路交通安全研究室长 道路环境研究室长 高度道路交通系统研究室长	**道路构造物研究部** 部长 道路构造物管理系统研究官 桥梁研究室长 构造基础研究室长 道路基盘研究室长 道路地震防灾研究室长

续上表

建筑研究部	住宅研究部	都市研究部	沿岸海洋防灾研究部
部长 建筑新技术统括研究官 建筑品质研究官 建筑灾害对策研究官 基准认证系统研究室长 构造基准研究室长 防灾基准研究室长 设备基准研究室长 材料部材料基准研究室长 评价系统研究室长	部长 住宅性能研究官 住宅情报系统研究官 住宅计画研究室长 住宅库存高度化研究室长 建筑环境研究室长 住宅生产研究室长	部长 都市计画研究室长 都市施设研究室长 都市防灾研究室长 都市开发研究室长	部长 沿岸海洋新技术研究官 津波高潮灾害研究官 海洋环境危机管理研究室长 沿岸防灾研究室长 沿岸域系统研究室长
港湾研究部 部长（兼任） 港湾技术研究官（兼任） 港湾计画研究室长 港湾系统研究室长 港湾施设研究室长 港湾施工系统保全研究室长	**空港研究部** 部长 空港新技术研究官 国际海事政策分析官 空港计画研究室长 空港施设研究室长 空港施设研究室长 空港施工系统室长	**社会资本（资产）管理中心** 中心长 建设管理研究官 国土防灾研究官 情报研究官 社会资本管理研究室长 社会资本系统研究室长 社会资本施工高度化研究室长 社会资本情报基盘研究室长（兼任） 建设经济研究室长 绿化生态研究室长 熊本地震复旧对策研究室长	

资料来源：国土交通省国土技术政策综合研究所．国综研について / 組織図 / 幹部一覧，2020-6-21，http://www.nilim.go.jp/lab/bcg/busyoukai/jorganization.htm#.

——**研究矩阵。**国综研的研究矩阵由5大研究领域和4大业务支柱组成。5大研究领域包括防灾减灾、社会资本（资产）的维护管理、库存的合理利用、形成持续有活力的国土和区域、技术方法改进等。4大业务支柱包括调查研究和技术标准、技术指导和技术咨询、技术培训和人才培养（人才培育、演讲会、研修）、技术协调和关系协调等。5大研究领域与4个业务支柱的矩阵关系如图2-4所示。

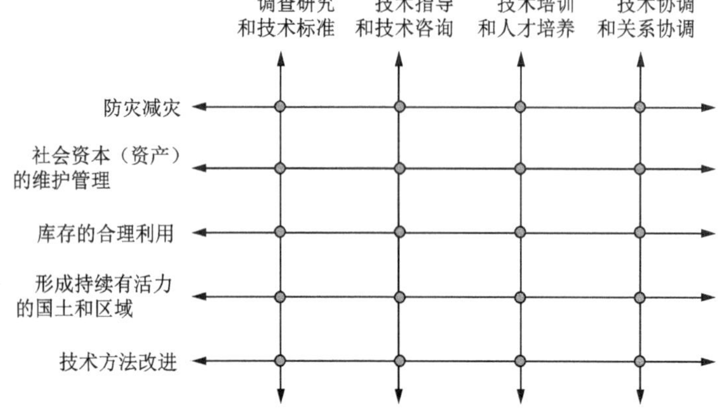

图2-4　日本国综研的研究体系矩阵图

——**智库经费**。2019 年国综研经费预算 156.131 亿日元，其中劳务费 46.914 亿日元占预算的 30%、研究经费 103.113 亿日元占 66.04%、设施费 6.104 亿日元占 3.91%，如表 2-10 所示。2015—2019 年历年经费预算情况如图 2-5 所示，总体趋势基本平稳。

国综研 2019 年经费预算表（单位：万日元）　　表 2-10

项　目	筑波总部	横须贺分部	合　计	备　注
一般会计	1184021.8	293210.8	1477232.6	
人件费等	392158.1	75327.0	467485.1	
研究经费	731206.4	217503.6	948710.0	
施设费	60657.3	380.2	61037.5	
自动车安全特别会计	0	60700.2	60700.2	
空港整备勘定		60700.2	60700.2	
人件费等		1654.9	1654.9	
研究经费		59045.3	59045.3	
东日本大震灾复兴特别会计	0	23377.9	23377.9	
研究经费		23377.9	23377.9	
合计	1184021.8	377288.9	1561310.7	100%
人件费等	392158.1	76981.9	469140.0	30%
研究经费	731206.4	299926.8	1031133.2	66.04%
施设费	60657.3	380.2	61037.5	3.91%

资料来源：国土交通省国土技术政策综合研究所．国综研について / 预算，2020-6-21，http://www.nilim.go.jp/yosan/yosan.htm.

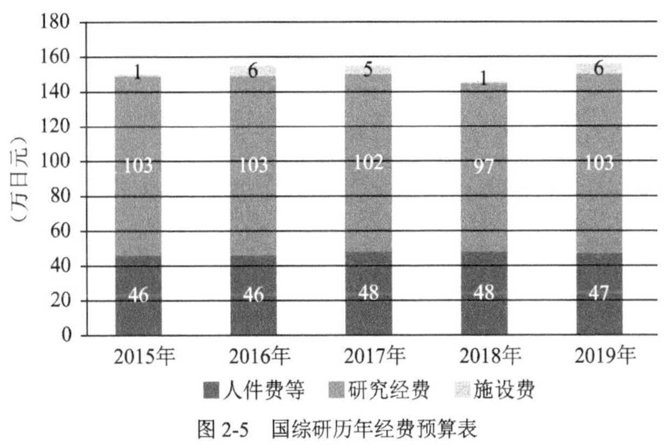

图 2-5　国综研历年经费预算表

——**智库成果**。国综研拥有标准规范和使用手册 41 个、专利权 185 个。2019 年完成防灾减灾危机管理类研究项目 43 个，基础设施管理类研究项目 17 个，生产性革命（i-Construction 发展和明智使用）类研究项目 33 个，提高地域创生宜居类研究项目 35 个，灾害对应支援（灾害应急救援）类项目 6 个，提升现场救援技术能力的研究项目 3 个，数据收集分析管理及社会普及类研究项目 5 个。2018 年发表论文 666 篇。

——**智库宣传**。新闻媒体等每年都对国综研进行了大量报道。如 2019 年各报记者发表了43篇有关国综研的报道。

——**智库刊物。**国综研每年出版4期简报、1期年报,定期发布电子杂志。

——**智库交流。**科技讲堂、实地参观介绍、演讲会和知识讲座等。

2.5 国外智库发展可借鉴的经验

1)国外智库的评价标准是对高层和现实的影响力

国外著名的智库因其规模之大、历史之久、研究之深、影响之大而被称为"思想库""大脑集中营"。国外智库在政治、军事、法律、外交、经济、科技、能源、环境、社会、国际事务等各个领域,以及在海洋生态、航运经济等专业方面,为政府、军队、国会、企业、社会组织、国际组织等提供了大量有价值的研究报告、政策建议,甚至基础理论,对政府决策、国际战略、社会发展和科技进步都产生了十分巨大的影响。

2)国外智库的宗旨一般都为独立性和非营利性

如布鲁金斯学会以"高质量、独立性和影响力"为宗旨,开展高质量的独立研究,据此提出具有创新精神、实用的政策建议;查塔姆学会以非营利和独立的国际事务研究为宗旨,提出了关于自由演讲和保密会议的著名的查塔姆准则;兰德公司坚持隶属关系的独立、企业文化的独立。国外智库以其独立性,保障了其研究成果和政策建议的客观性和中立性,从而赢得了信誉和尊重。避免了受利益团体、资助方以及所谓主流观点或思潮的影响,不会为了钱而进行一些"订制的研究"。

3)国外智库的研究领域主要侧重于应用性和热点问题

国外智库不论是学术型智库还是实用型智库,主要侧重于应用性和热点问题的研究。在其所涉及的专业领域既有深度又有广度,不仅要有某一领域或方向的专长,又必须同时具备解决所研究问题和所提供咨询建议可能牵涉的综合性问题。运用系统协调的思路发挥智库的作用,这就是国外智库呈现专业分工越来越细和综合性功能越来越强同时并存发展倾向的重要原因。如兰德公司在政治、军事、经济、科技、社会等领域的热点问题开展跟踪研究,虽然不像学术圈里那样侧重于基础理论研究,但是却在实际应用研究中创造了大量的理论方法,这些理论方法至今都被广泛应用,并由于在研究中心推广应用这些方法进一步保障了研究的专业性和可行性。

4)国外智库的研究方向主要体现为政策导向性

智库与学术和咨询研究不同,主要体现为政策导向性。在思想生产机制相对发达的国家,"为了商业""为了学术"与"为了政策"是咨询公司、学术机构、现代智库相对清晰的三类功能。智库与纯学术存在以下5个方面的不同:①智库学者需要学术圈的熏陶功能与研究功底的培养，但又不同于学术圈，智库界需要紧密联系实际的应用研究；②学术圈大多鼓励做长期研究，智库界却必须追求热点，做政策层面急需解决的问题研究；③学术圈注重文献梳理和理论推演，智库界却是直击问题，看重结果与政策建议；④学术界的考核体系基于在学术期刊发表论文的数量，智库界的评价标准却是高层与现实影响力；⑤学术界需要长期的聘用合同，智库界则要有更灵活的人事机制。

5）国外智库的研究角度具有大视野和前瞻性

研究角度的大视野和研究意识的前瞻性，在不同类型的智库中都有体现，也反映了现代智库发展壮大的基本要求。20 世纪 70 年代后，环境、生态、战争、能源等大量全球性问题的出现对智库研究的影响，使这一特点更为突出。这一时期丹尼·贝尔的《后工业社会的到来》、阿尔温·托夫勒的《未来的冲击》和罗马俱乐部的《增长的极限》等著作、报告，促进各国智库越来越多地重视国际化、未来学研究，越来越积极地参与到国际活动当中，越来越深切地关注未来社会发展对智库研究提出的需求❶。

6）国外智库的研究环境具有包容性

市场经济是开放经济，作为市场经济的产物——智库的发展需要开放包容的环境。其中，思想、媒体开放和信息公开、透明是智库发挥作用的必备条件之一。各种各样的私营和国有智库机构都可以积极地对所有重要事情展开公开讨论，形成各种不同的解释、观点和解决方案。在政策制定过程中，政府应鼓励公开讨论，对各种意见都进行适当的关注。各阶层人士理解科学决策的复杂性和专业性，愿意使用外脑来处理某些问题。社会相关法制健全，可以保障智库的正当收益得以实现。

---

❶ 刘宁．智库的历史演进基本特征及走向 [J]. 重庆社会科学，2012（3）：103-106.

第 3 章

中国智库及发展经验

改革开放后中国智库得到迅猛发展，到 2010 年中国智库数量就已经跃居世界第二。虽然中国智库发展的历史不长，却创造了不俗的业绩和越来越大的国际影响力。

| 3.1　中国智库的国际影响力 |

根据宾夕法尼亚大学《全球智库报告（2019）》，2019 年列入该报告的中国智库数量达到 507 家，仅次于美国和印度，位列世界第三大智库国。中国智库虽说规模上稳居前三，但国际影响力仍不够高，而且成长较慢。如中国智库进入世界前 176 位的分别是中国现代国际关系研究院（由 2015 年的 39 位上升为 2019 年的第 18 位，属于中国智库中进步最快的）、中国社会科学院（由第 31 位降为第 38 位）、中国国际问题研究所（由第 35 位下降为第 50 位）、国务院发展研究中心（由 50 位下降为第 55 位）、中国与全球化研究中心（由 110 位上升为第 75 位）、国际与战略研究所（由 64 位下降为第 80 位）、上海国际问题研究院（由第 72 位下降为第 95 位）、北京天则经济研究所（由 103 位下降为第 105 位）、团结香港基金会（由第 175 之外上升第 112 位）、重阳金融研究所（由第 149 位退至第 176 位）。

| 3.2　中国智库的分类 |

我国智库机构数量众多，其类型不尽相同。根据《国家高端智库建设试点工作方案》的智库分类，我国高端智库大体可以分为 4 类，即综合性智库、专业性智库、企业性智库、社会性智库。

3.2.1 综合性智库

综合性智库指通过立法或者行政组织条例组建的存在于党、政、军系列内部，为国家和省市各级领导层提供决策服务的机构，多以党政机关和军队内部直属的决策咨询机构身份出现。这些智库对应的领导机关层次高而且多，所以称为综合性智库。其主要工作是通过内部渠道向领导人直接提供决策参考，在党和政府内部发挥决策“内脑”的职能。更进一步来说，综合智库在纵向上可以划分为国家综合性智库、区域性综合智库两个层面。

1）国家综合性智库

一般为党中央、国务院直属，对于国家决策具有直接或者重大影响的智库。如负责起草政府工作报告的国务院研究室，直接参与政策制定的中共中央政策研究室、全国人大政策研究室以及各部委的研究室等，以及承担策划与宣传党中央国务院中央军委重大决策和国家领导人执政理念的国务院发展研究中心、中国社会科学院、中国科学院、中国工程院、中央党校、国家行政学院、中央编译局、新华社、军事科学研究院、国防大学等“国字号”智库。

2）区域性综合智库

一般为各省市政府直属，对地方政府决策具有直接或者重大影响的智库。地方层面的智库，大体上参照国家智库的形式建立，包括各省市政策研究室、发展研究中心、党校、行政学院、干部学院、社科院等都具有相当的实力。这反映出中国行政体制的“条线”特点。如上海国际问题研究院、上海市人民政府发展研究中心、广东省社会科学院、江苏省社会科学院、山东省社会科学院等。

3.2.2 专业性智库

除了影响力较强的综合性“权威”智库外，大量存在的是部委智库以及大学和科研机构形成的行业性和专业性智库，统一称为专业型智库。这些智库隶属于部委、大学和科研机构，多数从事某一行业、某一专业或某些特定方向的政策研究和决策咨询。它们在各自领域独领风骚，发挥了不可替代的作用。这类智库是由部委、大学和科研机构单独设立或在其他机构、团体的协助下创建的，或者是大学和科研机构本身。它们有的直属于部委管理，有的在名义上独立于政府体系，而实际上与政府部门有着千丝万缕的联系，是对政府政策的制定具有重要影响和推动作用的非政府机构。

从经费来源看，是由财政全额拨款或以资助方式建立，并通过项目委托等形式开展相关研究的政府咨询机构，或来自部委、校方和科研机构的拨款和一些基金会、企业赞助或私人捐助。许多依托于大学和科研机构的智库一般不属于独立法人智库。

从隶属关系看，部委所属科研机构直属部委管理，主要领导接受部委任命；大学和科研机构智库尽管得到政府的资助，但又不直接隶属于政府，服务对象也不局限于政府机构，还可以服务于来自企业、行业协会、社会方面等的委托或咨询要求。

从研究人员看，部委智库多数为事业编制，有一部分是企业编制或者是外聘人员；大学和科研机构的智库，多为校内和科研单位内各学科的学者以及从其他大学和科研机构聘用的研究员。

这类智库的优势，主要是高层次人才集聚、学科领先且专业性强、资料丰富、信息通畅，以及具有宽松的学术研究氛围等。这些优势往往能够促进产生创新性的思想、方法、成果和政策建议。近年来，中央逐渐重视大学和研究机构智库建设，中央领导也做出过重要批示。按照批示精神，各地大学和研究机构纷纷加大智库建设力度。

这类智库数量众多而且实力雄厚，如中国宏观经济研究院、中国现代国际关系研究院、中国南海研究院、商务部国际贸易经济合作研究院、财政科学研究院、中国人民大学国家发展与战略研究院、中国社会科学院世界经济与政治研究所、北京大学国家发展研究院、复旦大学发展研究院、中国社会科学院国家全球战略智库、中国社会科学院国家金融与发展实验室、清华大学国情研究院、复旦大学中国研究院、武汉大学国际法研究所、中山大学粤港澳发展研究院等。

3.2.3 企业性智库

企业性智库一般是依托政府部门、大型企业或者由多家股东发起成立的实行企业化管理的智库，主要是指那些专门从事政策研究和咨询工作的企业法人智库。企业性智库一般属于营利性智库，有的也属于非营利性智库。其中一部分是半官方智库，他们在机构设置上不直接隶属于政府部门，但会挂靠在官方机构名下，而且接受官方经费支持、人员任命[1]。企业性质的智库一般接受政府、社会、企业或民间等各方面的委托，对一些社会和政策问题进行调查研究分析，并将研究成果以研究报告的方式提交给委托人。目前，我国这类智库数量比较多，如中国（海南）改革发展研究院、中国石油经济技术研究院、阿里研究院、瞭望智库、赛迪方略、腾讯研究院、中国国际工程咨询公司、零点研究咨询集团等。

3.2.4 社会性智库

社会性智库即为学术机构、行业协会或者民间智库。其中学术机构、行业协会，属于

[1] 邓岩．中国智库的类型研究 [J]. 天水行政学院学报，2011（5）：62-65.

半官方智库，服务内容主要面向政府部门或者社会组织。民间智库主要是由民间出资，并且体现社会公众呼声或者政策需求的公共政策研究机构，大多由企业、私人或民间团体创设，有的也有政府资助，在组织上独立于其他任何机构，多数要自筹经费。它们的研究人员大多由专家、学者或者前政府官员组成，可以自由选择服务对象和研究课题，规模大者设有专职人员。规模小者除一些专职管理人员外，主要是根据课题的需要邀请各方面的专家和学者参加研究，组织形式相对比较松散。民间智库大多围绕社会的公平与正义，希望政府的各项制度安排能够更多地倾向于社会底层成员。从经费来源角度看，民间智库可获得的政府资助较小，甚至不受政府财政支持，其经费大多来自大的基金会或企业赞助，但一般也能与政府部门保持密切的关系，甚至也有不少为政府决策咨询提供服务，因此，也能对具体部门的政策制定产生一定的影响。这类智库数量也比较多，特别是各种学术机构、社团组织，如中国国际经济交流中心、综合开发研究院（中国·深圳）、中国国际战略学会、全球化智库（CCG）、中国人民大学重阳金融研究院、中国经济五十人论坛、中国经济体制改革研究会、盘古智库、东中西部区域发展和改革研究院等。比较著名的非民办单位法人型智库有天则经济研究所；民间非营利性研究机构有北京国民经济研究所、中国战略思想库等。

3.3 典型综合性智库

3.3.1 国务院发展研究中心

1）影响力

国务院发展研究中心是典型的综合性智库，是国内国际著名的政策研究咨询机构，是从事综合性政策研究和决策咨询的国务院直属事业单位。在宾夕法尼亚大学《全球智库报告（2019）》中位居世界第55位、中国第4位。拥有许多国内外著名的经济学家以及高素质的专家和研究人员。在近几年的中国智库排名中，国务院发展研究中心均居前列。

自1981年成立以来，国务院发展研究中心积极参与了国家的国民经济和社会发展五年计划和长期规划的制定，以及各阶段改革开放的重大政策研究和决策过程，并主持或参与了许多重大国家级的研究项目以及一些地区性发展战略和规划的研究。国务院发展研究中心在促进中国的改革开放和发展等方面，做了许多开创性的工作。

在国际上，国务院发展研究中心与许多国家的政府机构、学术界和实业界以及国际组织建立有广泛的联系，并开展了各种形式的双边与多边国际交流与合作。中心承担过一些重要国际组织和国外基金组织援助的在华重要研究项目，以及中国政府有关国际经济合作和区域经济一体化等问题的双边和多边合作研究项目，取得许多建设性成果。中心还发起和组织了“九十年代中国与世界”高层次系列国际会议，2000 年起，又主办了“中国发展高层论坛”，受到中国政府和中外政界、学术界和实业界高层人士的重视和高度评价。中心旨在通过这些交流与合作，吸收借鉴国际有益经验，促进中国的改革开放和发展，同时帮助世界了解中国，促进世界和平与发展。

2）研究领域

研究领域主要包括宏观经济政策、发展战略和区域经济政策、产业经济和产业政策、农村经济、技术经济、对外经济关系、社会发展、市场流通、企业改革和发展、金融以及国际经济等。

3）组织机构

国务院发展研究中心主要内设机构有：办公厅，人事局，国际合作局，机关党委，机关纪委；宏观经济研究部，发展战略和区域经济研究部，农村经济研究部，产业经济研究部，创新发展研究部，对外经济研究部，社会发展研究部；市场经济研究所，企业研究所，金融研究所，资源与环境政策研究所，公共管理与人力资源研究所；信息中心，机关服务中心，中国国际发展知识中心，管理世界杂志社，中国经济时报社，中国发展出版社，国研科技集团有限公司（中国经济年鉴社），中国发展研究基金；国际技术经济研究所，欧亚社会发展研究所，世界发展研究所，亚非发展研究所，民族发展研究所，港澳研究所等[1]。

4）学术委员会

学术委员会是参与国务院发展研究中心科研领导管理工作的学术管理机构。学术委员会委员均具有高级专业技术职称。有丰富的科研经历和相应的学术成就，在专业研究领域内有较大影响，并有一定的科研组织能力。学术委员会设主任委员一人，副主任委员若干人，秘书长一人。学术委员会负责中心科研工作的总体规划、研究选题、重点课题的立项、审议和确定中标课题、学术交流、重点课题的中间评议、成果评审、推荐国家科技进步奖等。

5）调查研究

调查研究是国务院发展研究中心的主要业务领域，研究成果包括调查研究报告、政策解读两个方面。其中《调查研究报告》已经出版 5884 期，每个月发布 1 份《经济形势分析月报》。政策解读充分发挥中心专家的洞察力，每天都有 2~3 份政策解读报告公开发布。

6）交流合作

国务院发展研究中心的学术交流十分活跃，每个月都要举办一次大型论坛、座谈或者讨论会。与国际组织、丝路国际智库网络、丝路国际论坛，以及国外行业协会、研究机构、银行、跨国公司等建有广泛合作关系。

---

[1] 国务院发展研究中心．关于我们 / 组织机构，2020-6-22，https://www.drc.gov.cn/gyzx/zzjg.aspx.

3.3.2 上海国际问题研究院

1）智库影响

上海国际问题研究院成立于1960年，前身是在周恩来总理倡导下于1960年成立的上海国际问题研究所，2008年7月经上海市委和市政府批准更名为“上海国际问题研究院”。目前是隶属于上海市人民政府的高级研究机构和国际著名智库，是外交部政策研究重点合作单位，是二十国集团（G20）框架下智库20（T20）的中方成员单位，是美国“理事会之理事会”（Council of Councils）的成员单位，还是上海国际战略研究会和上海市国际关系学会的机构会员。在宾夕法尼亚大学《全球智库报告（2019）》中位居世界第95位、中国第7位。2006年被中国权威机构评为全国十大智库，2008年被评为世界十大智库（非美国）。

2）智库职能

主要目标和任务是：始终致力于服务国家总体外交和上海地方外事。通过对当代国际政治、经济、外交、安全的全方位研究，发挥咨政建言、理论创新、国际交流和舆论引领职能。通过与国内外研究机构和专家学者的合作交流，增强我国的国际影响力和国际话语权，提升国家的软实力。

3）智库架构

上海国际问题研究院与华东师范大学共同设有博士后工作站，与上海财经大学共同设有上海国际组织与全球治理研究院。内设机构有：办公室、国际合作与对外交流处、行政处、智库发展与科学管理处。下设6个研究所和6个研究中心，分别是：全球治理研究所、外交政策研究所、国际战略研究所、世界经济研究所、台港澳研究所、比较政治和公共政策研究所；美洲研究中心、欧洲研究中心、亚太研究中心、西亚非洲研究中心、俄罗斯中亚研究中心、海洋与极地研究中心等。

4）智库人才

现有研究员17名、副研究员25名、助理研究员28名、博士后3名。拥有21位国际著名的政治、外交、安全、经济、减灾等方面重量级专家作为国际顾问。

研究生教育始于1979年，当年获得硕士学位授予权并开始招收国际政治专业硕士研究生。经过40余年的发展，现已获得政治学一级学科硕士学位授予权，并分中外政治制度、国际政治、国际关系和外交学四个专业招生。研究生课程全部由该院资深专家和中青年科研骨干以及上海各重点高校资深教授授课。还与美国德州农工大学布什学院、南京大学－约翰·霍普金斯大学中美文化研究中心等机构联合培养研究生。

5）智库研究

上海国际问题研究院的研究领域包括：国际关系与外交事务、政治与政府、经济与贸易、国防与安全、全球治理与社会发展、能源与环境、两岸关系与港澳研究、历史与文化8个领域。研究区域包括:亚太、中国、东亚、东南亚/东北亚、南亚、西亚中东、中亚(外高加索)、北非、南部非洲、南非、非洲、欧洲、俄罗斯、美洲、美国/加拿大、拉美/加勒比、极地地区、澳大利亚/新西兰等18个地区。研究专题包括:COVID-19、一带一路研究、南海问题、中国特色外交理论、网络安全、G20研究、中美新型大国关系、上合组织、金砖五国、亚投行研究、APEC、东盟研究、极地研究、国际反恐、中非合作等15个方面❶。

6)智库成果

上海国际问题研究院的主要研究成果包括时评、论文、研究报告等3种形式。时评主要针对当前国际关系、国际交流、学术交流等热点由院内专家点评。论文和研究报告一般都定期在院网站发布,2019年发布论文46篇。

7)智库刊物

中文刊物有《国际展望》双月刊,英文刊物为《China Quarterly of International Strategic Studies》(中国国际战略季刊),以及不定期研究报告。

3.4 典型专业性智库

3.4.1 国家发展改革委员会宏观经济研究院

1)影响力

国家发展改革委员会宏观经济研究院(简称"宏观院"),是典型的专业性智库,是国家级宏观经济专业决策咨询研究机构。在近几年的中国智库排名中,宏观院均居于综合影响力前十名、政府类智库前三名。

2)智库职能

宏观院坚持"观大势、谋大局、出大策"的办院方向,以建设支撑中央宏观经济决策的专业化智库和服务国家经济外交的国际化智库为目标,探索中国特色新型智库组织形式和管理方式,全面提升科研创新力、决策支撑力和社会影响力,争当政府类智库体制机制改革创新排头兵,在全国率先建成国家亟须、特色鲜明、制度创新、引领发展的高端智库,为推动我国宏观经济决策科学化、民主化发挥更大作用。以组织形式和管理方式创新为突破口,统筹整合优势资源,启动新名称,搭建新平台,打造新团队,构建新机制,以增量创新带动存量改革,更好地为中央宏观决策出思想、出谋略、出解决方案。

---

❶ 上海国际问题研究院．研究成果,2020-6-22,http://siis.org.cn/Research/Papers.

3）智库架构

宏观院智库在国家发展改革委宏观经济研究院的基础上，加挂“国家宏观经济研究院”牌子。实行理事会制度，理事长由国家发改委分管联系领导或院长担任。组建决策咨询部，决策咨询部集中优势力量专司为党中央、国务院宏观经济决策服务，原则上不承担其他研究任务，主任由院领导兼任，人数总规模控制在30人以内。建立首席专家制度，公开招聘在宏观经济研究领域具有学术领先水平和权威的首席专家。设立宏观经济决策支持系统国家重点实验室，广泛应用现代网络信息技术和数学模型工具，将互联网、云计算、大数据等与宏观经济研究结合起来，使宏观经济政策分析与决策支持可视化、一体化和网络化。建立国情调研基地和境外办事机构，在有代表性市县实行特派研究员制度。优化学术委员会人员结构，应具有较广泛而权威的学科代表性，院内委员在院所首席专家中遴选，院外委员在具有较高知名度和社会影响力的专家中遴选。

4）激励机制

着力打造以首席专家为核心的团队，首席专家在院内外公开聘用团队成员，核心人员选聘、薪酬、职位和职称等方面可有更大的选择弹性。改革完善全员合同聘用制度，推行访问学者、客座研究员、博士后工作站等流动科研岗位制度。积极探索专业技术职务自主聘任制度，增设一级研究员岗位。加快建设青年专业人才培养和使用，对业务能力表现突出的专家特别是青年专业技术人才，适当放宽从专业技术岗位到管理岗位担任领导职务的任职资格。吸纳院外优秀专业人才，在国家发展改革委系统内选聘“国宏学者”，参与重大课题研究。发挥好学术平台作用，邀请对宏观经济研究有特别贡献的学者到“国宏大讲堂”演讲，利用《宏观经济研究》《宏观经济管理》和“国宏茶座”等平台开展学术交流。建立月度会制度，每月定期组织专家对当前热点、焦点、难点问题做发散式讨论。建立以转化应用为导向的成果评价制度。实行以目标绩效为导向的考核方式，组织开发绩效管理和日常考核信息系统，实现在线填报、在线审核、在线跟踪和在线评估。调整优化薪酬结构，提高绩效工资比例，根据工作量和贡献大小确定。逐步实施年薪制度。改进激励机制，鼓励支持优秀人才参与国宏访问学者计划，到国内外知名智库交流访问，到中直机关、发展改革委机关和基层挂职锻炼。设立“中国宏观经济研究创新奖”，对连续三年考核优秀的职工授予“高端智库建设杰出贡献奖”。

5）成果发布

对涉密研究成果，建立统一规范的成果集中发布制度。开通微信、微博公众号，及时公布重要科研活动及成果研究进展情况。通过成果发布会、研讨会、论坛讲座、报刊图书、广播电视、网络传媒等更多种手段，阐释当前的理论、解读公共政策、研判社会舆论、疏导公众情绪，积极引导社会舆论。

6）经费管理

多渠道拓宽经费来源，完善科研经费管理制度。依托财政直接拨款、政府购买服务等方式，持续提高中央财政资金投入比例。加强与地方政府和企业合作，提高横向课题经费总量。建立“国家宏观经济研究基金”，合理利用院属公司国有资本经营性收入。积极接受社会捐助，努力开辟其他渠道资金来源。

完善科研经费管理制度。按照预算科学、分类管理的原则，规范资金管理和使用，中央财政拨款经费严格按照中央财政制度规定执行，横向课题经费和社会捐助严格按照委托方和捐助方要求管理。同时，积极探索符合智库运行特点的科研经费管理办法，尊重和体现科研人员的智力付出和贡献。

3.4.2 中国南海研究院

1）智库影响

中国南海研究院（以下简称“南海院”）就是典型的专业性智库。南海院是以南海为研究对象并从事相关学术交流的研究机构，同时也是外交部确定的我国南海问题研究基地，“海峡两岸南海问题民间学术论坛”的大陆牵头单位，在政策和业务上接受外交部和国家海洋局的指导。中国南海研究院已经成为我国研究南海问题的重要基地和重要智库。

2）智库发展

南海院的前身是成立于1996年的“海南南海研究中心”，当时是海南省外事办公室新闻处内设的一个研究机构。2004年7月，国务院正式批准更名为中国南海研究院。2006年10月，中国南海研究院建设获国家立项。2013年1月南海院成立中国南海研究院北京分院。2015年4月，南海院中美研究中心（ICAS）在美国华盛顿正式运作，成为我国首家走向海外的智库。2016年3月，中国—东南亚南海研究中心正式成立，是第一家在我国境内设立的以南海为研究对象的国际合作研究机构。2017年6月，南海院与武汉大学中国边界与海洋研究院被纳入国家高端智库培育名单。2018年，南海院正式获得国家人社部批准设立博士后工作站[1]。

3）智库宗旨

南海院以服务总体外交和地方经济与社会发展为宗旨。

4）研究领域

经过20多年的探索和发展，南海院已经形成系统的涉南海和海洋问题研究领域，包括：南海战略，南海史地，南海地缘政治及周边国家的南海政策，国际法与南海争端，和平解决南

[1] 中国南海研究院．我院概况，2020-6-22，http://www.nanhai.org.cn/survey.html.

沙争端的对策研究，南海资源开发利用与环境保护，海洋经济发展战略及体制机制研究，21世纪“海上丝绸之路”建设，泛南海经济合作与海南自由贸易区（港）建设等。

5）智库架构

目前南海院设有6个部门1个基金会和两个分支机构，分别为海洋法律与政策研究所、海洋经济研究所、海洋科学研究所、海上丝绸之路研究所、对外交流部、办公室和“海南自贸港研究基金会”。

2011年迁入新址后，南海院逐步建成了图书馆、南海档案文献库、会议室、多功能报告厅等完善的研究、会议和培训设施。其中，图书馆及南海档案及历史文献库藏有涉南海和海洋的历史、政治、自然科学等各类中、英、法、日文书籍数万册，并收藏有一批珍贵的涉南海历史文献档案资料。

6）智库人才

院内研究团队现有4名研究员、8名副研究员、10名助理研究员、6名实习研究员。拥有11名兼职教授、10名访问学者。

7）智库交流

南海院已与美国、英国、澳大利亚、日本、韩国、新加坡、印尼、马来西亚、菲律宾和中国台湾地区等全球20多个国家和地区的近百家知名智库建立了合作关系和学术联系。2013年4月，南海院与南京大学等单位共建的“中国南海研究协同创新中心”入选首批国家协同创新中心（国家“2011计划”）。南海院作为牵头单位，从2004年起多次成功举办《海峡两岸南海问题民间学术论坛》，论坛轮流在大陆和台湾举办年度学术会议，为加强两岸学术界联系，推动南海研究做出了重大贡献。学术交流网络遍布全球，每年接待十几批次外国学者来访，南海院的学术带头人每年要参加3~4次国际会议。

8）研究成果

研究成果丰硕，出版了《南沙争端的起源与发展》《海疆声音——吴士存南海问题热点问题应答选编》《美国在亚太地区的军力报告（2016）》《中国视角：解决南海争端，推进地区合作发展》（Solving Disputes for Regional Cooperation and Development in the South China Sea：A Chinese perspective）《中菲南海仲裁案》（Arbitration Concerning the South China Sea：Philippines versus China）、《南沙争端的起源与发展（日文版）》（中国と南沙諸島紛争－問題の起源、経緯と「仲裁裁定」後の展望，花伝社）等多部在国内外产生重要影响力的涉南海问题中外文专著。研究人员每年发表数百篇中英论文和政策建议报告，并创立了“数字南海”“南海文献专业数据库”、《南海地区（年度）形势评估报告》等一批知名学术品牌。为进一步加强与台湾地区、国际社会的学术交流与对话，南海院每年主办“海峡两岸南海问题民间学术论坛”“中美海上事务与国际法二轨对话会”和博鳌亚洲论坛南海议题分论坛等若干涉南海和海洋问题的国内国际学术会议。

9）课题来源

南海研究的课题主要来自外交部、国家海洋局、国台办、海南省等，包括南海战略、南海公共外交、两岸合作等课题。

3.4.3 中国财政科学研究院

1）智库影响

1956年6月，根据毛泽东主席关于财政部要加强财政经济问题研究的指示，财政部财政科学研究所正式成立，2016年2月更名为中国财政科学研究院（以下简称“财科院”）。根据党的十八届三中全会《决定》中提出的“加强中国特色新型智库，建立健全决策咨询制度”的要求和中办、国办《关于加强中国特色新型智库建设的意见》，财政部财政科学研究所率先启动转型发展的进程，坚持以一流新型智库为发展目标，有序推进科研体制机制改革，2020年3月，正式成为国家高端智库试点单位[1]。

2）智库职能

中国财政科学研究院担负着财经理论政策研究和财政决策可行性分析以及培养高级财会人才的任务。同时，紧密结合我国各个时期经济发展和体制改革的实际情况，围绕国家财政中心工作，从事财经理论和政策研究，探讨客观经济规律，为国家决策提供咨询意见，为制定正确的财政方针政策和提高财政工作管理水平服务，定期和不定期为财政部、国务院提供决策支持。

3）智库架构

财科院现有内设机构23个（12个研究中心、6个管理支撑机构、5个研究生院教学管理机构）以及4个挂靠机构（社团秘书处）。12个研究中心分别是宏观经济研究中心、财政与国家治理研究中心、公共收入研究中心、公共资产研究中心、金融研究中心、教科文研究中心、社会发展研究中心、资源环境研究中心、外国财政研究中心、财务与会计研究中心、政府绩效研究中心、珠心算研究中心。6个管理支撑机构分别是党委（纪委）办公室、办公室、科研组织处（智库建设管理办公室）、人事处、财务处、刊物编辑部。5个研究生院教学管理机构分别是教务处（学位办公室）、学生工作处（招生办公室）、教研中心、专业学位教育中心、图书资料信息中心。4个挂靠机构分别是中国财政学会秘书处、中国珠算心算协会秘书处、中国农村财经研究会秘书处、全国预算与会计研究会秘书处。另外财科院还设立了PPP研究所、北京分院、财政大数据研究所等科研平台机构。

4）智库人才

财科院研究生培养工作在院长办公会议和院学位委员会共同领导下进行。1978年开

[1] 中国财政科学研究院．中国财政科学研究院简介，2020-6-22，http://www.chineseafs.org/index.

始招收硕士研究生，1982 年开始招收博士研究生，均是教育部、国务院学位委员会批准的第一批招收硕士、博士研究生的单位。财政学专业（一级学科为应用经济学）博士后科研流动站于 2001 年 3 月设立。会计学专业有博士学位授予权，可作为非设站点招收归国留学博士做博士后研究。

财科院现有职工 211 人，具备高级、中级专业技术职称人员 144 人。其中博士研究生指导教师 51 人、硕士研究生指导教师 133 人、仅指导 MPAcc 的导师 76 人。还特聘一部分长期从事实际工作和理论研究、造诣深厚的专家为特聘教授为研究生授课，并经常邀请国内外著名学者举办各种讲座和学术交流活动。博士生导师：财政学 34 人，其中所内 16 人、所外 18 人；会计学 17 人，其中所内 7 人、所外 10 人。学术型研究生导师：财政学 85 人（不计兼任 1 人）、其中所内 30 人、所外 55 人（不计兼任 1 人）；会计学 36 人，其中所内 8 人、所外 28 人。共 121 人。MPAcc 研究生导师：所内 2 人、所外 40 人、兼任 34 人。审计专业硕士研究生导师：所外 11 人、兼任 21 人。2001 年 3 月设立财政学专业博士后科研流动站，目前在站博士后 60 人。

5）研究方向

财科院研究方向和重点包括：宏观经济理论与政策、财政基础理论、收入分配、财政体制、政府预算、国家税收、财政政策与货币政策协调、资本市场、国有资产管理、会计理论与实务、政府会计、会计电算化、企业财务、审计理论与实务、投资、财政风险、社会保障、国债、国库管理、农村财政、城市财政、地方财政、区域财政、外国财经、财政史等。在各个研究方向上，都形成了高水平的研究成果，在国内外具有广泛影响。

3.5 典型企业性智库

3.5.1 中国（海南）改革发展研究院

1）智库影响

中国（海南）改革发展研究院（以下简称“中改院”）是典型的企业性智库。中改院是一家从事改革发展政策研究、咨询、培训等业务的非营利性企业法人机构，实行董事局领导下的院长负责制。其网络型、国际化、独立性的发展模式引起各方面关注，被誉为“中国改革智库”。

2）智库宗旨

中改院的办院宗旨是“立足海南，面向全国，走向世界”，致力于服务中国经济社会改革的政策决策，坚持“小机构、大网络”的运作机制与“网络型、国际化、独立性”的机构特色[1]。

---

[1] 中国（海南）改革发展研究院．我们是 CIRD，2020-6-22，http://www.cird.org.cn/WeAreCird/Expert.

3）智库架构

决策咨询委员会：设主任1名，副主任2名，委员20名。顾问：由21位政府官员和国内著名专家学者组成。学术委员会：以国务院发展研究中心原主任王梦奎为主任、国内32名著名专家学者组成的学术委员会，为中改院的改革研究确定计划，把握方向，决策重大研究事项。

内设机构：包括公共政策研究所、经济研究所、海南改革发展研究所、海洋经济研究所、国际经济研究所、教育培训中心、信息出版中心（信息库）、学术网络与科研管理办公室、办公室（人事处）、北京分院。如图3-1所示。

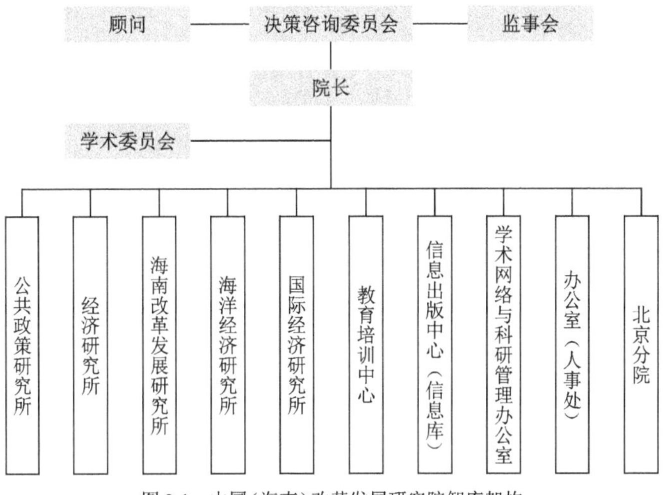

图3-1 中国（海南）改革发展研究院智库架构

4）智库人才

紧密层专家网络：由200余人的网络专家队伍组成，参与中改院各项学术活动。专家成员大部分来自国家机关、著名研究机构、院校，都是改革研究领域的领军和具有影响的人物。

网络专家：现有2000余位，依靠这支队伍，建成了联系广泛的学术网络，具备了围绕中国经济转型时间诸多问题的研究能力。

博士后工作站：2003年，中改院博士后科研工作站经国家人事部正式批准设立，并于2010年正式获得独立招收权，旨在吸引更多优秀博士从事高水平的科研工作，推动中改院改革研究事业的发展。

5）智库交流

学术交流与合作研究在中改院的发展过程中一直发挥着重要的作用，具有鲜明的国际化特色。第一，广泛的国际合作和对外交流使研究活动能借鉴其他国家经济转轨的经验教训，通过国际比较研究保证了转轨经济政策研究的高质量；第二，与联合国开发计划署、世界银行和德国技术合作公司等机构的长期合作，确立了中改院在国际转轨经济研究领域的地位和作用，保证了研究的高层次；第三，大批国内外著名专家学者参与中改院的国际合作研究和国际合作培训，保证研究工作始终站在国际前沿。28 年来举办研讨会 240 次，其中中国改革国际论坛 85 次、改革形势分析会 60 次，其他 83 次。参加研讨会的国内外著名专家、学者、政府官员 3.5 万多人次，其中省部级以上领导达 800 多人次，占参会人数的 2.5% 左右。

6）国际合作

中改院已与 20 多家国际组织和外国机构建立了合作关系。中改院长期执行联合国开发计划署和德国技术合作公司项目，与世界银行、欧盟等国际机构及德国、英国、美国、加拿大、荷兰、瑞典、挪威、芬兰、澳大利亚、印度、越南等国的研究机构建立了交流关系，进行了富有成效的合作。中改院还在博鳌亚洲论坛初创的前 5 年承担智力支持，是外交部指定的亚洲合作对话的参与机构、东亚经济发展研究网络成员机构和企业组织国际网络的成员机构。

7）智库成果

中改院成立以来，以“直谏中国改革”为己任，努力建设中国改革智库，向中央有关部门提交改革政策、立法建议报告 300 余份；撰写改革调研报告 600 份、考察报告 80 份；先后承担 200 多项改革政策咨询课题；出版改革研究专编著 342 部，发表论文 2000 余篇，出版简报 1309 期。所提交政策建议，有些直接为中央决策所采纳，有些被用作制定政策和法规的重要参考。获得包括国家“五个一工程”奖、“孙冶方经济科学奖”“中国发展研究奖”等多种国家级奖项。

3.5.2 阿里研究院

1）智库性质

阿里研究院 2007 年 4 月成立，是依托阿里巴巴集团海量数据、深耕小企业前沿案例、集结全球商业智慧，以开放、合作、共建、共创的方式打造具影响力的新商业知识平台[1]。

2）智库宗旨

阿里研究院的宗旨是：数智洞察，共创新知。

3）智库研究

阿里研究院的专题研究领域主要包括：全球化、区域经济、数字化生活服务、数智化转型、行业发展、小微企业、创业就业、新消费、数字经济、数字商业、数字乡村。阿里研究院与业界顶尖学者、机构紧密合作，聚焦多个创新性数据产品，推出大量优秀信息经济领域研究报告，以及数千个经典小企业案例。在运行机制上，每一个研究方向都由阿里研究院的专职研究专家对接。

[1] 百度百科 . 阿里研究院 . 2020-6-6.https://baike.baidu.com/item.

阿里研究院发起“阿里开放研究计划”活动，目标是搭建“网商＋研究者”在线对接的平台，发掘阿里平台案例和数据的价值，同时支持研究者成长，促进世界一流研究成果诞生，从而推动中国电子商务研究水平提升。阿里开放研究计划是“阿里巴巴青年学者支持计划”的继承和升级，同后者相比，“阿里开放研究计划”有了更新的内涵，支持对象从青年学者拓展到了电子商务相关研究者。

4）案例工场

阿里案例工场是由阿里研究院发起，面向广大优秀网商、研究者的电子商务案例共创平台。活动以案例为载体，采取“网商＋研究者”共建的方式，发掘活跃在电商平台上的“千里马”。阿里案例工场秉承阿里巴巴集团“做数据分享的第一平台”的愿景，促成网商和研究者的在线对接，为网商提供学习成长、自我展示的平台，为研究者提供电子商务案例研究平台。阿里案例工场采取主题制，每2个月为一季。

5）智库交流

阿里研究院推出大咖观点、热门新闻、热门案例、热门报告等资讯产品。《阿里商业评论》是由阿里研究院主办的非营利品牌。通过互联网的技术和思想，联合社会各界有识之士，关注和传播互联网时代的新商业智慧，让更多人从中受到启迪。《阿里商业评论》关注以下方面内容：数据挖掘、案例研究、思想洞见，吸引了众多密切关注互联网行业、电子商务行业、以及阿里巴巴生态系统的读者群体，其中包括大量专家学者、政府官员、行业精英、合作伙伴、重点客户等高端人士。

6）智库合作

阿里研究院与埃森哲、麦肯锡、波士顿资讯、信息社会50人论坛等国际著名咨询公司建立了合作伙伴关系。

3.5.3　零点有数

1）智库影响

零点有数（Dataway，原零点研究咨询集团）属于企业法人智库，是中国专业研究咨询市场的早期开拓者，当前是中国前沿的数据分析与决策支持服务机构。是中国社会公认的最有影响力的民间智库，并在若干专业机构的评估中确认为中国咨询界的领导品牌，同时零点也是最早为中国公司与相关部门展开跨国研究咨询的专业服务机构。与传统咨询机构相比，零点具有独立化、专业化、规模操作、国际模式的特点；与国际咨询机构相比，零点也具有显著的本土深度研究与国际规范有机结合，并进而提供更有针对性的服务的特点。零点是世界专业研究者协会（ESOMAR）中国代表机构，也是国际管理咨询机构协会（AMCF）原中国代表机构。零点依照国际惯例，透过持续的研发投入、与国际服务机构的合作和有力度的人力资源组合，成为兼容国际视野和本土经验的调研咨询知名服务品牌。零点是中国市场研究协会副会长单位、北京科技咨询业协会轮值理事长单位，并首批获得国家统计局颁发的接受国际研究服务项目的资格认证，“HORIZON”（零点）为受中国法律与《马德里国际公约》保护的国际注册服务商标。零点也在全球超过 45 个国家拥有业务协作伙伴。目前是市场研究协会（CMRA）副会长单位，中国市场信息调查业协会（CAMIR）单位会员。

2）智库职能

零点深耕公共事务和商业服务的诸多领域，以第三方评估为驱动、以解决应用场景中的关键问题为出发点，梳理和优化不同垂直行业的模型与算法。在数据智能时代，公司不断整合移动互联网、人工智能、云计算、物联网等领域新技术，将多源数据与公共和商业服务的垂直行业场景结合，将 20 多年积累的专业知识实现“经验模型化，模型算法化，算法软件化”，推进决策科学化、服务高效化。

3）智库发展

——1993—2010 年调研数据分析服务阶段。这一阶段积累行业场景，形成独特见解，开发决策模型。1993 年 1 月零点调查完成注册。1994 年零点与美国知名调查公司 Roper Starch Worldwide 结成战略合作关系，并成为美国福特基金会首个受资助的营利机构。1996 年零点成为北京科技咨询业副理事长单位。1997 年，零点出版《观察中国》《零点调查》两书，参与发起调查研究业行业组织，并成为筹备组织的领导小组成员。2000 年，前进策略与指标数据创立，《第一手》正式创刊，零点当选为行业协会副会长单位。2002 年 3 月，零点调查总公司对业务协调部进行结构调整。2002 年 12 月零点在调查行业代表大会上高票当选为行业协会常务理事单位，并获常务理事大会选举为副会长单位。2004 年零点成立正式的集团管理构架，零点也进入最受尊敬的中国公司提名，调查显示，零点在中国城市公众中的知名度为 40%，遥居所有公司榜首。2005 年，零点成为国际咨询业联合会中国代表机构，零点正式加盟国际商业抗艾联合会。2006 年各业务单元能力有明显上升，前进策略、上海调查、广州调查、指标数据均在团队建设方面形成特色。2007 年 2 月中国城市居民时尚指数发布，3 月金融服务指数发布，5 月第 5 期金葵花理财指数发布，7 月中印沟通指数发布，12 月中国城市居民宜居指数发布。2008 年 1 月中国银行服务指数发布，3 月中国公众环保指数发布，4 月中国公众汽车服务指数发布，6 月福田机动指数发布，11 月中国公共服务指数发布。2008 年策略 2.0 战略全面启动。2009 年集团签约额成功破亿元，各业务单位圆满完成年度各项任务，整体规模再上新台阶。2010 年是集团三九规划首开年，零点参与的中日舆论关系调查结果在日本发布，联合发起青年公益计划“黑苹果青年”。

——2011—2016 年多源数据分析服务阶段。这一阶段在公共事务领域和商业领域实现数据资源化、模型算法化。2011 年零点联合发起知名创业服务和投资机构“飞马旅”，8 月零点当选为“中国医药市场研究协会”理事成员之一。2012 年 2 月 13 日北京零点有数数据科技股份有限公司登记成立，公司经营范围包括技术开发、咨询、转让、服务、推广、培训；市场调查等。2016 年成立“D3 方评估平台”，零点有数完成公司股份制改造，零点有数转型数据智能方向。

——2017 年至今逐步拓展数据智能应用服务阶段。这一阶段制定“经验模型化 - 模型算法化 - 算法软件化”的发展战略。2019 年当选为市场研究协会（CMRA）副会长单位，深圳市智慧零售协会 & 深圳市连锁经营协会 & 深圳市零售商业行业协会会员单位，中国市场信息调查业协会（CAMIR）单位会员。与中国标准化研究院达成第三方评估战略合作。

4）智库架构

零点有数设有公共事务事业群、商业服务事业群、数据服务事业群。公共事务事业群包括：政务服务、城市管理、市场监管、营商环境、法治与公安、文化与旅游、社会群体研究、“一带一路”。商业服务事业群包括：消费品与新零售、金融服务与创新、地产与社区服务、汽车与后市场、通讯与科技产业、快递与供应链管理。数据服务事业群：大数据事业部、IT & 研发事业部、服务设计事业部等❶。

5）智库团队

零点数据的技术伙伴包括上海直真君智科技有限公司、上海贯信信息技术有限公司、北京马蹄铁科技有限责任公司、技慕驿动市场调查（上海）有限公司。数据专家团队有 9 名专家。数据团队 95% 以上具有硕士及以上学历，30% 以上具有海外学习背景，50% 以上具有 4 年以上专业经验。零点有数与南方大数据交易中心、中国大数据技术与应用联盟、国信优易就“数据人才培养计划”达成战略合作意向。

6）智库荣誉

零点有数获得 2017 年度中国大数据应用最佳实践案例，2018 年成为 CMRA 优秀数据供应商，上榜“2019 中国大数据创新企业 TOP100”并荣获城市运行监测大数据领域《中国大数据行业应用 TOP Choice 2019》，零点有数大数据应用案例《零点有数：基于大数据的渠道网点流失管控》入选“2019 中国大数据应用最佳实践案例”。

7）智库交流

零点数据转型后更加积极参与智库交流。从 2017 年开始已连续两届主办“赛里斯”全球智库国际研讨会，主办 2018 年政务热线发展研究论坛，发布《2019 中国民营企业营商环境报告》，主办第三届全国 12345 政府服务热线高质量发展研讨会，主办中国数据智能高峰论坛暨第九届中国大数据应用金铃奖颁奖盛典等❷。

---

❶ 零点有数．我们是谁，2020-6-22，http://www.idataway.com/column.

❷ 百度百科．北京零点有数数据科技股份有限公司，2020-6-22，https://baike.baidu.com/item.

| 3.6 典型社会性智库 |

3.6.1 中国国际经济交流中心

1）智库影响

中国国际经济交流中心（China Center for International Economic Exchanges，CCIEE，简称“国经中心”），称为中国的超级智库。是经中华人民共和国政府批准成立的国际性经济研究、交流和咨询服务机构，是集中经济研究领域高端人才并广泛联系各方面经济研究力量的综合性社团组织或社会性智库。它坐落于距离中南海仅百米之遥的政府大院内，汇集了一批经济领域精英人才。因起点之高、实力之强，被很多专家解读为中国的“超级智库”。国经中心很重视国际化，广泛开展与国外智库的交流，与俄罗斯战略研究所、伦敦国际战略研究所、美国兰德公司的国际知名智库都有良好的合作关系。但就目前来说，无论是国际交流水平，还是造成的国际影响力，国经中心与上述智库还不在一个水平线上。根据美国《外交政策》（Foreign Policy）刊登过的一份关于全球7大区域13个地区的政策话语中心的报告，显示：澳大利亚悉尼、马来西亚吉隆坡和日本东京是亚洲和太平洋地区智库的话语中心，北京、上海均无缘。在这种情况下，国经中心的差距显而易见。

2）智库职能

——**研究经济问题。**主要研究领域包括：世界经济发展趋势、国际金融、国际贸易、跨国投资，以及国际经济领域的重大热点、焦点问题，国家宏观经济、财政金融、外资外贸、区域经济、产业发展，以及经营管理等方面的重大问题和相关政策，为政府、社会和企业提供服务。

——**开展经济交流。**围绕重大经济问题，组织开展国内外智库间的研讨与交流，增进了解和共识；举办论坛、研讨会等活动，为政府、研究机构、企业等之间沟通情况、交流信息、分享成果与经验提供渠道和平台。

——**促进经济合作。**建立和发展与外国政府、企业、研究机构、社会团体及国际组织的良好合作关系，面向国内外企业和各级政府，提供合作信息，推介合作项目，为促进国内外经济合作发挥桥梁和纽带作用。

——**提供咨询服务。**为政府宏观调控、制定中长期发展规划和重大经济政策等提供分析报告和政策建议；为地方政府制定区域发展规划、行业组织制定产业发展规划等提供智力支持；为企业发展战略、经营决策、海内外投资、兼并重组、技术创新和市场开拓提供信息、政策、法规等咨询服务。

3）智库架构

国经中心由国家发展改革委主管，得到政府大力支持，其人员涵盖了政界、商界的精英，资金充足、硬件设施完备，应该说具备了“超级智库”的必要条件。

理事长由原国务院副总理曾培炎出任。顾问6人，常务副理事长2人，副理事长16人，特邀副理事长9人。秘书长张大卫（兼）河南省人大常委会原副主任。常务理事65人，常务理事单位17家，理事170人，理事单位19家。理事会执行局主任张晓强是国家发展和改革委员会原副主任，常务副主任魏建国是商务部原副部长、张大卫是原河南省人大常委会副主任，副主任陈文玲（女）、张小冲、郭丽（女）、吴越涛。

国经中心咨询委员主任王春正是中财办原主任、国家发展改革委原常务副主任，副主任7人，咨询委秘书窦勇任中心产业规划部处长，委员32人❶。

国经中心下设办公室（人事部）、战略研究部（简称战略部）、产业规划部（简称“咨询部”）、经济研究部（简称“经济部”）、交流部、信息部、《全球化》编辑部、创新发展研究所、博士后科研工作站、国经咨询公司等10个部门。每个部门根据服务和研究领域又分别设置相应的处室。如办公室下设综合处、党务与人事处、财务处、基金与会员处等4个处；战略部下设社会事业处、世界经济处、安全与外交处、资源与环境处；咨询部下设规划处、创新战略处、“三农”处、城镇化处；经济部下设宏观经济处、区域发展处、财政金融处、改革开放处；交流部下设对外项目处、智库合作与研究处、对外交流处、外事管理处；信息部下设综合处、内参处、网络处。可见其组织机构沿用了政府机构的管理模式。

4）智库刊物

编辑出版《研究报告》《智库言论》《全球化》《国际经济观察》《信息反映》等刊物。

5）智库交流

国经中心与国外使团、研究机构、基金会、协会、产业机构、金融机构、商会等交流频繁，定期组织专题调研、讲座、交流会、交流活动等。

3.6.2 北京国民经济研究所

1）智库影响

北京国民经济研究所（简称“国经所”）成立于1996年，是中国第一批非政府、非营利性的经济理论与政策研究机构之一。随着中国经济的崛起以及全球化的迅猛发展，国经所积极参与并保持与国外一流同行的思想交流和学术对话，深入研究探讨中国与世界经济共同面临的复杂挑战，为世界了解中国和中国走向世界起到了具有高度影响力和知识桥梁的作用。在中国非政府学术机构的发展环境还十分有限的情况下，国经所多年来所坚持的独立、前瞻、积极谏言、影响社会的办所理念，为中国的民间“智库”发展开创了实践的先河。

---

❶ 中国国际经济交流中心．中心概况，2020-6-22，http://www.cciee.org.cn/leader.

2）智库精神

秉承独立，客观的学术精神，专注于深度研究与中国经济发展和经济改革相关的重大经济问题，为中央政府提供前瞻性的政策和改革建议，为企业精英提供及时独到的咨询分析，并不懈地通过媒体向大众传播最新研究成果和经济思想，引领改革呼声。

3）智库宗旨

本着独立、客观的学术精神，专注于研究中国经济发展和经济改革的重大问题、中国与世界经济共同面临的复杂挑战。在此基础上，积极为政策制定提供前瞻性建议，为企业界和大众提供及时独到的分析。在知识和政策，知识和实践之间起到桥梁作用，成为以“独立、深入、引领”为立所理念的一流民间智库[1]。

4）智库团队

学术委员由19位资深专家组成。拥有研究员和特邀研究员25位。其中，除少数专职研究人员外，研究所主要组织社会各方高水平科研人才作为“客座研究员”共同完成各种研究项目。研究所与一些学术机构共同聘请博士后研究人员，吸收博士研究生参加研究活动，并为研究生提供进修机会。研究所邀请国内外访问学者参与各种研究项目，并进行其他各种形式的人员交流活动。

5）研究方向

过渡经济学与体制改革政策；中国宏观经济分析与政策研究；发展经济学与中国经济发展战略与政策。

6）主要刊物

《中国宏观经济分析》（内刊），每月提供一份研究报告。《宏观经济变量跟踪分析》（内刊），每季度提供一份报告。《国民经济研究所工作论文系列》（内刊），其中包括一些研究中期成果，以工作论文的形式与读者见面。《国民经济研究丛书》，主要汇集研究所的最终研究成果，分专题作为正式出版物出版。

3.6.3 中国战略思想库

1）智库影响

中国战略思想库是典型的社会性智库，由中国宏观经济学会主办、中国宏观经济网协办，最初是由在京的部分学者自由结合搭建的一个民间学术研究沙龙。

2）智库目的

中国战略思想库建立的目的是把中国各个不同领域的思想者联系起来，共同研究中国

[1] 北京国民经济研究所．我们的宗旨，2020-6-22，http://www.neri.org.cn/.

在走向世界大国的过程中面临的各种复杂关系，为中国的政府和企业选择正确的国内外长期发展战略提供思路与框架。

3）学术交流

中国战略思想库大体上每两周举行一次内部研讨会，除了思想库的固定成员参加外，也经常会邀请各个领域的专家学者参与讨论。

4）研究成果

中国战略思想库的研究成果有两种形式，第一种是“内部研究报告”，是主要由思想库成员集体讨论后，由某位成员执笔完成的报告，大约每年六期。第二种是“内部研讨与全球观察”，是每次研讨会的发言摘要或综述，以及由思想库秘书处收集编辑的国内外战略资讯。

3.7 中国智库发展的经验

1）政府与民间是智库发展的推动力量

在我国智库的形成和发展中，政府和民间两种力量发挥了主要作用。综合性智库和专业性智库都属于党政军、国家部委、大学和研究机构设立或资助并服务于党政军和国家有关部委。企业性智库和社会性智库，属于民间资本投资设立，部分智库接受政府资助。它们虽然不属于政府直接设立，但是设立这些智库的企业和社会组织的国有成分占有较大比例，这些智库除了为企业和社会服务外，仍要参与为政府等国家有关部门的服务，并接受政府管理和指导。无论是依靠政府还是依靠民间组织，都必须保障智库研究具有充足的经费来源。但是我国智库发展很不平衡，朝大野小的格局仍然存在。即官办的综合性智库和专业性智库处于强势地位，民营的企业性智库和社会性智库处于相对弱势地位，高校背景的专业性智库介入二者之间。这与国际上以独立性民间智库为主的潮流存在较大差距。《中国新闻周刊》曾经把中国智库的这种形势概括为“绝代双骄”和“七大门派”。

2）独立与开放是智库研究的主要方式

随着智库的发展，我国智库立足于本专业本领域的独立自主的研究，相互之间的合作交流越来越多。通过独立研究—合作交流—再独立研究，这样一个螺旋上升的过程，推动研究的不断深入和提高。独立研究，包括专业特色鲜明、研究方法和研究成果具有独创性、产品和服务有专长且内容丰富。智库的开放，包括智库建设运作方式开放、学术研究开放、成果交流开放、经费来源开放、信息来源开放、激励机制开放等。学术研究的开放，包括研究的综合化、国际化。由于智库研究的战略、政策等问题所涉及的关系复杂，不可能由一个专业解决，常常是以某个专业为中心多学科参与，而且所提出的解决方案必须是综合性的，因此在智库内部研究过程中逐步向各方面各领域的专家开放，综合各方面专家的意见不断修改完善。在智库建设方面，逐步对国内外智库开放，积极吸引各行各业的专家学者参与，特别是吸引体制外的智库和专家的参与，同时，智库越来越多的参与国际议题的研究和国际合作研究、接受国际基金资助。

3）专家与人才是智库发展的核心资源

所谓专家就是指熟悉和掌握了某一方面知识的专业人才。高水平的专家队伍，他们在各自领域独树一帜，具有很高的社会声誉和个人魅力，不仅可以提高智库的影响力，还可以带动智库研究水平的提高。所谓人才就是指能做到别人都做不到的事的人。人才可以是专家、也可以是科学家和管理者。专家是某一专业的行家，人才是具有超出一般人能力的人，二者结合就形成智库的核心资源。

4）改革与创新是智库发展的主要任务

我国智库肩负着为国家改革开放和创新发展服务的重任，同时随着国家经济社会的发展不断推进智库自身的改革，提高自身的创新能力。从国家改革开放总体战略目标和任务的提出，到国家各领域和各地区的发展战略规划和政策措施的制定；从国家宏观管理制度和方法的创新，到企业生产管理和市场营销体系的创新，我国智库都发挥了十分重要的作用。而且，改革与创新还是智库转型发展和提高影响力的基础。

5）体制和机制是智库发展的重要保障

解决我国经济社会发展中的体制机制问题一直是我国智库研究的重要内容之一，同时也是我国智库发展中自身所面临的重要问题。与国外智库相比，我国智库研究项目来源、研究经费来源、研究成果推广应用方面对政府的依赖性较高，社会捐助和企业资助的比例较少，主要依靠国家科研和财政项目支持，国家对于智库建设发展发挥了重要保障作用。

第 4 章
中国水路交通高端智库的分类

水路交通是国民经济的基础性、先行性和服务性行业。水路交通高端智库是支撑行业发展的重要力量，深入分析水路交通高端智库发展状况，正确划分智库类别，总结发展经验，对于引导智库高质量发展具有十分重要的意义。

4.1 中国水路交通高端智库分类标准

智库分类与智库定位密切相关，智库分类准确与否，关系到智库的发展前途和智库功能的发挥。

4.1.1 智库分类与国民经济行业分类的关系

根据《国民经济行业分类标准》(GB/T 4754—2017)，交通运输、仓储和邮政业是20个行业大类之一，水上运输业是全国97个子行业之一，是交通运输、仓储和邮政业的8个子行业之一，而水运业又包括若干专业。因此，水路交通高端智库分类既要遵循《国民经济行业分类标准》，又不能与《国家高端智库建设试点工作方案》相冲突，同属于国民经济行业和国家智库的子类。

4.1.2 传统的智库分类依据和划分类型

关于智库分类依据和划分类型，学者们的观点不尽一致。美国著名的智库研究专家詹姆斯·麦甘(James G. Mc Gann)按照智库属性将其分为7类：独立智库、准独立智库、政府附属智库、准政府附属智库、大学附属智库、党派附属智库、企业智库。谢曙光、蔡继辉主编的《中国智库名录(2015)》，按照智库所属系统将其分为6类：政府部门智库、政党系统智库、科研院所智库、高校智库、社会智库、合作智库。李刚、王斯敏、丁炫凯主编的《中国智库名录(2016)》，按照智库所属系统和企业性质将智库分为9类：党政部门智库、社科院智库、党校行政学院智库、高校智库、军队智库、科研院所智库、企业智库、社会智库和媒体智库。上海社会科学研究院智库研究中心发布的《2018年中国智库报告》，根据圈层结构把智库分为7类：部委直属事业单位智库、地方党校（行政学院）、地方社科院、高校智库、高校智库（特色）、社会智库、企业智库。山东社会科学院崔树义、杨金卫，根据中国智库实际存在状态把智库分为5类：党政军智库、社科院智库、高校智库、企业智库、民间智库。任林茂、王伟静基于中国智库发展状况把智库分为3大类：官办智库、高校智库、社会智库[1]。

4.1.3 智库传统分类的局限性

1）圈层分类趋于中心依附

我国学者对于智库分类基本上都属于圈层结构分类。圈层结构分类的特点主要是按照智库与服务对象的从属关系进行分类。如上海社会科学研究院智库研究中心《中国智库报告》中的部委直属事业单位智库、地方党校（行政学院）、地方社科院、高校智库、高校智库（特色）、社会智库、企业智库。

圈层结构理论源于区域经济学的农业区位理论。德国农业经济学家约翰·冯·杜能（Johan Heinrich von Thunnen，1783—1850）于1826年出版了《孤立国同农业和国民经济之关系》一书，首次系统地阐述了农业区位理论的思想。该理论假设一孤立农业国只有一个中心城市，城市周边地区的发展以城市为中心逐渐向外层扩张，越向外层城市的影响力越小。按照这一理论，经济社会中存在着许多权力中心和经济中心（研究经费供给者、项目方或者投资方），在中心周围分布着许多受中心支配或影响社会组织，各种社会组织与权力中心或经济中心的关心，犹如圈层结构，有紧密和非紧密之分。圈层结构分类显然留有中国传统文化与当下管理体制的烙印，智库的圈层分类适应中国国情，是分析当代中国智库分类的一种独特视角[2]。

依据这一理论对于智库类型的划分自然携带着明显的从属关系或者依附关系特征，便有了体制内与体制外的差异。甚至以此规定了智库的行政级别，如中央智库、部委智库、地方智库，或者是正部级智库、副部级智库、厅级智库、处级智库。相比之下，民间智库就显得

[1] 王林茂，王伟静．我国新型智库分类特点和能力提升策略[J]. 高教探索，2017(4)：37-42.

[2] 周仲高．智库的科学分类与准确定位[J]. 重庆社会科学，2013(3)：116-120.

十分冷落。在智库影响力评价中,势必就十分看重对政府部门的影响作用,或者把议案采纳情况作为重要衡量指标。

长期以来中国智库的依附性都很强,多数智库都有特定的服务对象。据王辉耀在《大国智库》一书中估算,目前,中国各类智库机构将近2500家,其中官办智库的数量占据95%,而民营智库仅占5%,后者还包括隶属于官办智库的人员在民营智库兼职的情况。据上海社科院发布的《2018年中国智库报告》显示,2018年我国的活跃智库数量总计为509家,其中由各级党政机关、科研院所和军队设立的智库有267家,如表4-1所示,这些智库具有行政依附性较高的特点。比较活跃的高校智库、社会智库、企业智库242家,同样对于政府存在不同程度的依附性。以2018年国家社科基金项目立项结果为例,除高校系统4055项外,其余课题项目大多被官办智库所获得。其中,社科院系统立项210项,党校系统96项,军队系统47项,而各级党政机关及其他立项数为98项[1]。智库依附性太强,就很难提供独立的研究成果,既不利于决策又不利于智库发展。因此,按照圈层结构划分智库,难免对智库发展产生误导。在水路交通高端智库分类中应避免按圈层结构划分。

2018年上海科学研究院智库备选池总量与结构 表4-1

智库类型	数量(个)	占比(%)
国党政/科研院所智库	78	15.3
地方党政智库	91	17.9
地方科研院所智库	93	18.3
高校智库	149	29.3
社会智库	57	11.2
企业智库	36	7.1
军队智库	5	1.0
合计	509	100

资料来源:上海社会科学院智库研究中心《2018年中国智库报告》.

2)分类不清趋于定位模糊

智库分类应与其价值取向、服务宗旨、功能定位相一致。智库分类不清容易导致智库发展的同质性,也容易引起公众认可的偏差。多数智库采取差异化发展,其价值取向、服务宗旨、功能定位都不尽相同这是事实。在智库分类中,不能简单地分为官办智库、半官办智库、民间智库等明显带有歧视性的分类,也不能采用与政府部门等服务对象名称相关联的具有依附性的分类方法。既要体现智库的独立性,又要突出智库的定位特点。随着智库快速发展,形形色色的智库鱼龙混杂,不排除有少数智库假借名义谋取利益,甚至严重偏离非营利性质,被权力和金钱所俘获进入"智库陷阱";也可能导致一部分弱小智库被冠以民间智库,而渐渐退出与所谓的官办智库的竞争,在研究资源、话语权、大众形象、影响力等方面处于弱

[1] 肖荻昱.我国官办智库参与政府决策的现状及对策分析[J].智库理论与实践,2019(2):57-62.

势地位；有可能导致同质化的智库之间的恶性竞争，影响智库市场秩序；或者可能导致智库被利用，成为政策合法化的工具，使智库成为利益集团的代言人。因此，在水路交通高端智库分类中，应注重智库的内在特性，尽量避免被外在现象所迷惑。

3）特色不明趋于缺少深度

智库分类不能把握智库特色，就是在主观上认同智库的同质化，或者暗示智库的同质化发展，认为智库的服务目标相同，就会自觉不自觉地认同无差异的观点、无差异的声音，必然导致智库发展缺少特色。智库发展缺少特色，就会导致智库定位不清和发展方向的模糊，就会急功近利不注意发展质量，追求"短平快"的发展模式。这种模式，往往以发展热点问题为中心，快速形成观点，以效率取胜，自认为窥斑见豹，实际上要犯以偏概全、抓不到事物本质的错误。对于热点问题的认识，有时候是集体关注，有时候是集体冷漠，有时候是反应过度，有时候是反应不够，这种从众行为同样是缺少特色的表现。缺少特色必然导致智库独立性、客观性的缺失，所提出的观点背离大众意愿、偏离实际，所形成的研究成果对国家现行政策的阐述性、附和性、宣传性的成分居多，自主性和建设性成分较少，在"国际舞台上，常常陷入集体失语的尴尬处境"❶。随着经济社会发展，智库的重要性越来越高，需要智库发出各种不同的声音，充分体现中国特色新智库的国家责任、社会责任和智库责任。准确明晰地把握智库的特色定位，避免按照智库在社会关系中的优势或者依附关系分类，才有助于建立智库发展的良性竞争环境。因此，对于水路交通高端智库的分类应该重视智库发展特色。

4）层次模糊趋于大而不强

传统的智库分类偏向于智库规模，在智库评价中不分规模大小和层次而用总成果或者总影响力加以比较，忽视了智库发展质量，导致中小型有特色的智库以及民间智库难以在排名中与大型智库竞争。众所周知，我国智库存在大而不强问题。如中国社会科学院现有研究所 31 个，研究中心 45 个，含二、三级学科近 300 个，其中重点学科 120 个。全院总人数 4200 多人，有科研业务人员 3200 多人❷。而全欧洲的智库研究员也不超过 5000 人❸，如果用总成绩比较，中科院显然就会处于比较尴尬的地位。《大国智库》（王辉耀，2014）认为我国智库约 2500 家，《2018 年中国智库报告》（上海社科院）调查我国比较活跃的智库有 509 家，占智库总数比例 20% 左右。可见大部分智库的社会影响很小，或者可以认为有 80% 以上的智库单靠总成果是无法生存的。然而许多智库经过多年的摸爬滚打并没有从市场上消失，有的在人均收入方面还不错。出现这种问题的背后原因是多方面，一是我们对于智库的定义可能不够准确，把许多并非智库的设计院所、科研单位、工程公司划入了智库，这些单位

❶ 鲍振东 . 建设中国特色社会主义新智库的困境和应对策略 [J]. 中国社会科学报，2011-9-8.

❷ 中国社会科学院 . 中国社会科学院概况 .2020-6-6.http://cass.cssn.cn/gaikuang/.

❸ 韩玮 . 中国智库大跃进 [J]. 齐鲁周刊，2014（48）：A34-A35.

并非是非营利的，其所提供的成果大部分不属于智库产品。二是智库衡量标准模糊，不分层次、不分行业、不分专业，把许多不可比较的所谓智库硬拉在一起比较，造成许多大型智库成绩虚高，一些在某一领域很有优势的中小型智库的成绩受到人为压低。所谓智库的层次性是指实际从事智库工作的具体部门、工作人员及其成果所属的行业、专业、方向等。如同样属于企业性质的阿里研究院与电力规划研究，应该把它们全院作为智库，还是仅把它们实际上从事智库工作的部门作为智库比较呢？如果这一点界定不清楚，其结果将会大相径庭。所以不能把一般咨询公司不加甄别地作为智库，应做充分的层次分析，以便发现优势专业和特色部门，推动智库良性发展，才能避免大而不强的问题。

4.1.4　水路交通高端智库分类标准的确定

水路交通高端智库分类应符合智库的定位清晰、层次明确、注重素质、体系稳定、易于把控、有利发展的原则。水路交通高端智库分类标准确定的目的是提升智库质量，通过分类明确智库定位，形成不同类别、不同层次的智库，推动水运智库明确发展宗旨、目标、职责、有序竞争、优化体系，由数量增长向高质量发展的转型升级。

1）智库分类的具象标准和科学标准

所谓智库分类的具象标准，即根据智库的社会关系、所有制关系、规模大小等外在形象指标划分智库类型。这种分类方法比较直观、简单，但是忽视了智库的本质属性和内在质量。而智库分类的科学标准则恰好相反，是根据智库的研究类型、研究方向、专业类别、成果优劣、经济效益等内在素质指标划分智库类型。这种分类方法比较复杂，需要参与分类人员具备一定专业知识和客观公正性。

从我国目前的智库分类情况来看，大都基于具象分类标准。过分关注隶属关系、行政级别、投资关系、所有制关系、业务关系等。其结果是，一方面，按照这种标准划分，无异于使得本来困难重重的民间智库雪上加霜，有些有门路的也不得不寻找一些官方关系或者借用几顶官方的帽子。如国经中心，尽管不断强调其民间智库的身份，但它的发展得到了政府的资金输入与硬件支持，并且鉴于内部人员的政界背景，其从出生起就带有浓厚的官办色彩[1]。对于官办和半官办智库来说，由于存在明确的圈层依附关系，其生存条件就优越得多，但是容易产生惰性和独立思考力，而缺乏市场竞争力。从外部环境上来看，我国的官办智库与市场联系不够紧密，缺乏社会认同感。由于我国的国情以及相关政策，政策研究领域存在过分限制的现象，民间资本在该领域中所占比例较小，主要还是以政府资金为主。而官办智库的性质在这种现状下会更容易得到政府的青睐。这样的现状容易滋生组织的惰性，忽视对自身

[1] 韩玮．中国智库大跃进 [J]. 齐鲁周刊，2014（48）：A34-A35.

学术科研能力的要求，而一个智库的竞争力却恰恰体现于此❶。另一方面，由于外部具象标准的变化不受智库自身发展所控制，这样会导致以此为标准的智库体系结构不稳定，受偶然性因素影响较大❷。

智库分类的科学标准比较关注构成智库内在素质的科学性，是智库可以控制和把握的，这种分类体系比较稳定，能够与智库宗旨、目标和研究方向结合起来，有利于促进智库科学发展，避免落入俗套。

2）水路交通高端智库科学分类

智库科学分类需把握两个维度：纵向按照研究类型可以从软科学研究（基础研究），到应用研究；横向则由单一专业研究向跨专业跨学科的综合性研究拓展。沿着这两个维度互相交差渗透，可以形成 8 种智库类型如图 4-1 所示。

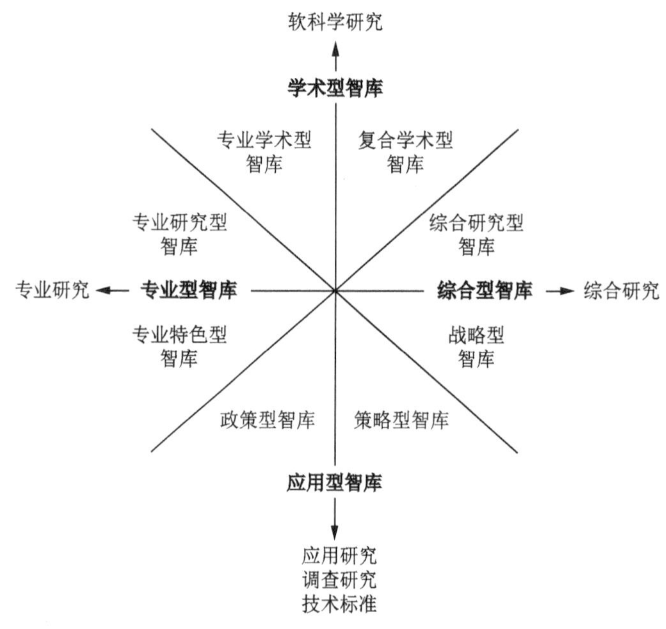

图 4-1　水运高端智库科学分类体系坐标图

智库研究一般从软科学开始，其他学科的基础研究则通常由大学和科研机构承担，这是区分智库和科研的主要方面。基础研究一般不以应用为目的，核心是探索科学规律和真知。智库研究则注重于应用性软科学研究。软科学体系一般认为应包括五大学科类：①元科学类。包括科学学、技术学、系统论、信息论、控制论和耗散结构论、协同论、突变论等学科。②管理决策类。包括管理科学、决策科学、政策科学、领导科学、行政科学和战略科学等，这是软科学群的主体。③咨询预测学。包括咨询学、情报学、未来学和预测学等。④“斡体”类。包括思

❶ 肖荻昱．我国官办智库参与政府决策的现状及对策分析 [J]. 智库理论与实践，2019（2）：57-62.

❷ 周仲高．智库的科学分类与准确定位 [J]. 重庆社会科学，2013（3）：116-120.

想政治工作学、行为科学、工效学、人才学、创造学等。⑤现代科学方法类。包括系统科学方法、科学技术方法论、数量经济与技术经济方法三大类[1]。智库一般侧重于方法论、模型、管理、预测、行为、创新等方面的研究。

根据智库对于软科学和应用研究的侧重程度，可以把智库分为学术型智库和应用型智库。

根据智库是从事单一的专业研究还是跨学科跨专业的综合性研究，可以把智库分为专业型智库和综合型智库。

这里的综合型智库是指智库研究方向、研究领域的综合性，并不是指智库服务对象的层级和范围。专业型智库同样是指研究方向和研究领域的单一性，而非指服务对象和服务范围的单一性。

从纵向看，根据智库研究类型向研究领域的渗透程度，又可以把学术型智库分为专业学术型智库和复合学术型智库，这两种智库一般出现在以大学和学术性科学研究院所为依托的智库之中。

同样，应用型智库可以分为策略型智库和政策型智库，这两种智库一般为以行业、地方管理部门、应用型研究咨询机构、社会组织为依托的中小型智库，或者是所谓的民间智库。其中，策略型智库偏向于行业多目标服务，服务范围和服务内容比政策型要广，政策型智库一般规模较小，所处层次也比较低。

从横向看，根据智库研究领域向研究类型的渗透程度，可以把综合型智库分为综合研究型智库和战略型智库。其中，综合研究型智库侧重于学术，战略型智库侧重于应用，二者在规模上都属于国家层级的大型智库。

同样，专业型智库可以分为专业特色型智库和专业研究型智库，专业研究型智库侧重于某一领域的学术研究，专业特色型智库侧重于应用研究。二者都属于规模较小、层级较低，在某一方面又有独到之处或者成果水平较高的智库。

3）水路交通高端智库发展规律

图 4.1 水运高端智库科学分类体系图还表达了智库发展规律：

一是，相邻智库之间可以互相转换。在 8 类智库中，专业学术型智库，如果放弃纯学术研究可以转化为专业研究智库，反之，专业研究智库放弃应用研究，可以转化为专业学术智库。复合学术智库，放弃纯学术研究，可以转化为综合研究型智库，反之，综合研究型智库放弃应用研究可以转化为复合学术型智库。战略型智库减少学术研究、专注于应用型研究，并且研究领域萎缩，就会转化为策略型智库，反之策略型智库，经过努力扩大规模、提高学术研究能力、增加研究服务范围，就会转化为战略型智库。专业特色智库，减少学术研究成分，专

[1] 360 百科．软科学，2020-6-7，https://baike.so.com/doc.

注于应用研究，创新能力萎缩，就会转化为政策型智库，反之，政策型智库，聚焦某一领域的学术研究能力，提高创新能力，就会转化为专业特色智库。

专业研究智库和专业特色智库，一般处于智库生命周期的成长期，是十分活跃和创新能力较强的智库。综合研究型智库、战略型智库处于成熟期和稳定期。专业学术智库、复合学术智库、策略学术智库、政策型智库处于不稳定期，受到市场竞争压力较大，随时都可能转化为其他类型的智库，或者进入衰退。

二是，智库之间跨过相邻智库直接成为其他类型的智库也是不现实的。如某个政策咨询中心属于智库低端的政策型智库，要跨过策略型智库发展阶段，直接成为战略型智库，几乎是不可能。另外，许多民间智库目前处于发展层次较低的政策型智库阶段，随着智库发展环境的改善和民间智库努力开拓，也会逐渐向特色型、策略型，甚至战略型和学术型转变。

4.2 综合研究型水路交通高端智库

综合研究型智库一般以大学为依托，具有规模大、人才队伍强、成果多、影响大的特征，兼顾学术性研究和应用性研究，对于国家水运事业具有重大贡献。

4.2.1 大连海事大学

1）智库建设

大连海事大学位于中国北方海滨名城大连市西南部。学校占地面积136万平方米，校舍建筑面积90万平方米。学校拥有设施和功能齐全的航海类专业教学实验楼群、航海训练与工程实践中心、水上求生训练馆、教学港池、图书馆、游泳馆、天象馆等；拥有航海模拟实验室、轮机模拟实验室等100余个教学科研实验室，拥有2艘远洋教学实习船。

2010年以来，充分发挥航运特色和学科优势，聚焦国家交通运输、海洋与海事领域和地方经济建设重大战略需求，加快构建更加高效的科技创新体系，全面提升学校在国家交通、海洋与海事等领域的科技支撑能力，为政府部门及相关机构提供决策支持，形成了一套规范有效的运作模式和智库格局。立足交通行业开展科技创新工作，服务交通的科研项目比例始终保持在70%以上，取得的重要科研成果均集中在交通主干学科领域。在交通运输部有关司局的指导和支持下，学校加强航运软科学研究，努力提高为国家战略和交通运输事业发展提供服务的能力和水平，围绕海洋强国战略，在海洋权益、海上通道安全、北极通航等方面，承担国家社科类基金重大重点项目7项，省部级以上社科研究项目584项。为满足国家和行业发展需要，在行业新型智库、交通国际组织高层次人才培养等方面，主动承担部政策及战略规划软课题50余项，确保高效高质量完成项目研究任务。学校积极统筹智力资源优势，主动为交通运输部提供决策咨询服务，组织创办了《海事大学专家建议》，主要刊载学校专家学者围绕交通运输领域的重大难点、热点问题，开展的战略性、对策性、前瞻性的研究成果。已报送16篇资政建议，其中5篇获部领导批示。

2）智库性质

大连海事大学（原大连海运学院）是交通运输部所属的全国重点大学，是国家“211工程”重点建设高校、国家“双一流”建设高校，是交通运输部、教育部、国家海洋局、国家国防科技工业局、辽宁省人民政府、大连市人民政府共建高校，是交通运输新型智库联盟执行理事长单位。学校素有“航海家的摇篮”之称，是中国著名的高等航海学府，是被国际海事组织认定的世界上少数几所“享有国际盛誉”的海事院校之一。

3）智库发展

大连海事大学源于1909年设立的邮传部上海高等实业学堂船政科。1911年以船政科为基础创办邮传部上海高等商船学堂，1912年更名为吴淞商船学校，1915年停办，1929年复校后更名为交通部吴淞商船专科学校，1937年再度停办，1939年于重庆复校并更名为国立重庆商船专科学校，1943年并入位于重庆的国立交通大学，1946年于上海复校并更名为国立吴淞商船专科学校，1950年与交通大学航业管理系合并成立上海航务学院。1953年，中央人民政府决定将上海航务学院与发端于1927年东北商船学校的东北航海学院合并组建大连海运学院，同年，发端于1920年集美学校水产科的福建航海专科学校并入。1960年学校被确定为全国重点大学。1963年国务院批准学校航海类专业实施半军事管理。1983年联合国开发计划署（UNDP）和国际海事组织（IMO）在学校设立了亚太地区国际海事培训中心。1985年世界海事大学在学校设立分校。1994年学校更名为大连海事大学，江泽民同志亲笔为学校题写了校名。1997年学校成为国家“211工程”重点建设高校。1998年学校质量管理体系通过国家港务监督局和挪威船级社（DNV）认证，成为国内率先将ISO9001质量管理体系引入人才培养质量管理的高校。2000年大连海运学校“划归管理”。2017年学校进入国家“一流大学和一流学科”建设高校行列。通过不断地建设和发展，学校在办学规模、办学层次等方面已居于世界同类院校前列。

4）智库机构

大连海事大学设有航海学院、轮机工程学院、船舶电气工程学院、信息科学技术学院、交通运输工程学院、航运经济与管理学院、船舶与海洋工程学院、环境科学与工程学院、法学院、外国语学院、公共管理与人文艺术学院、马克思主义学院、理学院、体育工作部、创新创业学院、继续教育学院（交通运输高级研修学院）、专业学位教育学院、航海训练与工程实践中心、航运发展研究院、留学生教育中心、国际联合学院（世界海事大学大连分校）等21个教学科研机构。在校本科生、研究生共计2万余人,同时招收攻读学士、硕士、博士学位的外国留学生。并校60多年来,学校为国家培养了各类高级专业技术人才十余万名,其中大多数已成为我国航运事业的骨干力量。

5)智库人才

大连海事大学拥有一支整体素质好、层次结构较合理、相对稳定的师资队伍,现有专任教师1442名,其中教授326名,专职博士生导师144名,聘任二级教授40名,三级教授77名,并涌现了大批优秀中青年教师。在海上交通工程、航海信息工程、船舶智能化、船舶动力系统及节能技术、船机修造工程、通信与信息系统、海洋环境保护、海事法规体系等领域,集中了一批专业理论深厚、科研能力较强的知名专家、教授和学术思想活跃、富有创新精神的青年骨干。学校还聘请共享院士16名、"长江学者"9名、讲座教授153名,通过聘请国内外知名专家学者来校开展实质性工作与交流,使大连海事大学师生能够近距离接触各学科前沿理论,进一步拓展了视野,活跃了学术气氛。

6)智库平台

近年来,学校以服务国家战略和"四个交通"建设重大科技创新需求为导向,积极推进协同创新工作。成立"2011计划"领导小组,围绕海洋工程装备技术、智慧交通、综合交通、船舶环保技术、海洋法治、海上丝绸之路通航安全保障等方向,推进"国家级—省部级—校级"三级协同创新中心体系建设。目前,由学校牵头的"海洋运输绿色与安全协同创新中心"被认定交通运输部协同创新平台和辽宁省协同创新中心;"综合交通运输协同创新中心"被认定为辽宁省协同创新中心;"一带一路研究院"入选国家"一带一路"智库合作联盟,成为"21世纪海上丝绸之路"国际智库合作网络的牵头单位。

7)智库团队

学校建立科研创新团队培育机制,提高重点科研项目的组织能力,支持创新团队和优秀中青年科技人才开展基础性、前瞻性、系统性研究。围绕国家和"四个交通"建设科技创新重大需求,凝炼出15个重点研究方向,确定了68个重点支持团队,着力在科研体制机制改革中取得先机,以适应国家科技体制改革大环境。目前,学校拥有教育部创新团队1个,交通运输行业创新团队4个,辽宁省创新团队9个,在促进交通科技进步、服务行业方面发挥了重要作用。在马航失联客机搜索、"东方之星"沉船救助及打捞、天津港爆炸等重大事件中,学校选派专家团队积极参与、主动发声,为交通运输部提供智力支持,充分履行为行业、为社会服务的职责。

8)智库交流

大连海事大学十分注重对外交往和校际交流。改革开放以来,先后与俄罗斯、美国、加拿大、日本、英国、韩国、澳大利亚、瑞典、埃及、越南、斯里兰卡等38个国家和地区的140所国际著名院校、单位正式建立合作关系,在合作办学、师生交流、合作科研等方面一直保持着实质性联系，合作的领域正在不断拓宽。2005年3月学校与世界海事大学合作举办的"海上安全与环境管理硕士班"首次招生，进一步提升了学校国际合作办学层次。学校在斯里兰卡科伦坡国际航海工程学院建立了海外校区，并于2007年在斯里兰卡开始招生，实现了我国高等航海教育的首次输出。学校还与多个国际组织和机构保持了长期合作关系，其中包括：国际海事组织（IMO）、国际劳工组织（ILO）、国际海事大学联合会（IAMU）、全球海事培训协会（GlobalMET）、国际航海教师联合会（IMLA）、亚太经合组织（APEC）、东南亚国家联盟（ASEAN）、国际航运协会（ISF）、国际船级社协会（IACS）、波罗的海航运公会（BIMCO）、英国劳氏船级社（Lloyd' s Register）以及日本邮船（NYK）等世界著名的航运公司。学校还积极开展教育创新，不断拓宽办学渠道，引进教育资源。

9）智库面临的困难

在建设新型智库的过程中，大连海事大学同样面临诸多困境，具体来看：

第一，高层次人才建设方面。学校始终将创新型高层次人才队伍建设放在重要位置。但受形势影响，目前学校现有的人才队伍已显现出高层次领军人才不多、优秀人才储备不足、各类人才队伍发展不均衡等问题。

第二，智库机构运行管理方面。学校围绕解决行业重大问题建立了一批航运智库平台和专业科研团队，为学校开展科学研究、服务国家战略及行业发展奠定了基础。但是，平台的运行、团队的建设缺乏长期稳定的资金支持，很难形成持续的重点研究，对于产生更多高质量、有影响力的资政成果缺少必要的保障。

第三，学术交流机制方面。在智库建设的过程中，交通运输部属各单位之间的学术交流机制还不健全，没有形成有效资源的充分利用；同时，举办或参会国际学术交流和出国学习访问的障碍较多、审批繁杂，对智库建设的国际化水平和影响力均有不同程度的影响。

4.2.2 武汉理工大学

1）智库建设

武汉理工大学2020年入选交通运输新型智库联盟首届理事单位。严新平院士等一批交通运输领域专家教授入选智库专家。该校现代物流经济研究中心是湖北省人民政府核心智库。该校组建的湖北创新发展研究院为湖北新型智库平台，研究团队成员主要为相关方面的校内外专家和相关政府部门决策者。

2）智库性质

武汉理工大学是教育部直属全国重点大学，是首批列入国家"211工程"和"双一流"建设高校，是教育部和交通运输部、国家国防科技工业局共建高校。70年来，学校共培养了近60万名高级专门人才，是教育部直属高校中为建材建工、交通、汽车三大行业培养人才规模最大的学校，已成为我国“三大行业”高层次人才培养和科技创新的重要基地。2019年，学校同时进入THE世界大学排行榜、US News世界大学排行榜、ARWU世界大学学术排行榜及QS世界大学排行榜。

3）智库规模

学校现有马房山校区、余家头校区和南湖校区，占地近4000亩，校舍总建筑面积178.28万平方米，4座现代化图书馆藏书310.91万册。设有25个学院（部），4个国家重点实验室（工程中心）。现有教职工5477人，其中专任教师3243人，中国科学院院士1人，中国工程院院士4人，国家教学名师奖获得者3人，“百千万人才工程”国家级人选12人。学校已形成以工学为主，理、工、经、管、艺术、文、法等多学科相互渗透、协调发展的学科专业体系。现有一级学科博士学位授权点19个，一级学科硕士学位授权点46个，博士后科研流动站17个；有22个硕士专业学位授权类别，39个硕士专业学位授权领域。材料科学进入ESI全球学科排名前1‰，工程学和化学进入ESI全球学科排名前3‰。现有本科专业91个，其中国家特色专业15个、卓越工程师教育培养计划试点专业28个、国家综合改革试点专业4个、国家战略性新兴产业专业2个。现有国家级精品在线开放课程15门、国家级精品资源共享课17门、国家级精品视频公开课8门。拥有国家级教学团队5个、教育部人才培养模式实验区4个、国家级实验教学示范中心5个、国家级虚拟仿真实验教学中心1个、国家工科基础课程教学基地1个、国家级工程实践教育中心13个、国家国际化示范学院1个、全国创业孵化示范基地1个、全国高校实践育人创新创业基地1个。目前学校普通本科生36000余人，博士、硕士生18000余人，留学生1700余人。

4）智库交流

学校与美国、英国、日本、法国、澳大利亚、俄罗斯、荷兰等国家的190多所大学和科研机构建立了人才培养和科技合作关系，聘请了300余名国外知名学者担任学校战略科学家、客座和名誉教授。2007年以来，学校先后获批建立了材料复合新技术与先进功能材料、高性能船舶关键技术、功能薄膜新材料先进制备技术及工程应用、新能源汽车科学与关键技术、环境友好建筑材料等5个学科创新引智基地，材料复合新技术国际联合实验室、环境友好建筑材料国际科技合作基地、智能航运与海事安全国际科技合作基地、材料复合新技术与新材料国际联合实验室等4个国际科技合作基地。2009年以来，学校先后与美国、英国、意大利、荷兰、日本的著名高校建立了16个高水平国际合作研究平台，包括武汉理工大学—密歇根大学新能源材料技术联合实验室、武汉理工大学—南安普顿大学高性能船舶技术联合中心、武汉理工大学—赛默飞世尔科技联合实验室等。2016年，学校与英国威尔士三一圣大卫大学合作建立的首个海外校区正式运行。2018年，学校与法国艾克斯·马赛大学合作成立武汉理工大学艾克斯·马赛学院。

4.2.3　上海海事大学

1）智库性质

上海海事大学是一所以航运、物流、海洋为特色，具有工学、管理学、经济学、法学、文学、理学和艺术学等学科门类的多科性大学，是上海市人民政府与交通运输部共建大学。2020年学校入选交通运输新型智库联盟理事单位。

2）智库发展

中国高等航海教育发轫于上海，1909年晚清邮传部上海高等实业学堂（南洋公学）船政科开创了我国高等航海教育的先河。1912年成立吴淞商船学校，1933年更名为吴淞商船专科学校。1959年交通部在沪组建上海海运学院。2004年经教育部批准更名为上海海事大学。为更好地服务上海国际航运中心建设和国家航运事业发展，根据上海市高校布局结构调整规划，2008年上海海事大学主体搬迁临港新城（现上海自贸区临港新片区）。2018年度科技总经费达到3.7亿元，获一批国家级科研项目及部市级以上科技进步奖。

3）智库机构

实行校院二级管理体制，现设有商船学院、交通运输学院、经济管理学院（设亚洲邮轮学院）、物流工程学院（设中荷机电工程学院）、法学院、信息工程学院、外国语学院、海洋科学与工程学院、文理学院（设马克思主义学院）、徐悲鸿艺术学院、物流科学与工程研究院、上海高级国际航运学院等二级办学部门，以及中国（上海）自贸区供应链研究院和上海国际航运研究中心等合作共建研究机构。

其中，上海高级国际航运学院于2013年12月正式成立，是上海海事大学在交通运输部、上海市政府的支持下，为了对接上海航运中心建设，按照国际模式建立的相对独立的自主办学实体。采取国际上先进的商学院运作模式，与全球优秀教育机构资源共享，着力打造国内领先、国际知名的航运金融教育品牌，构筑具有影响力的航运高端人才输出基地。

中国（上海）自贸区供应链研究院，2013年成立，由上海市城乡建设和交通委员会、中国（上海）自由贸易试验区管理委员会、上海市教育委员会和上海海事大学共建，国内30多家政府部门、高校、研究机构、行业协会、企业以及德国、新加坡、中国香港等境内外研究机构参建。将自贸区建设与供应链研究有机结合，以提升自贸区产业链建设水平，促进自贸区货物贸易向服务贸易的转型发展，同时推动政府监管职能的转变。

上海国际航运研究中心，是2008年由上海市教育委员会、上海市城乡建设和交通委员会、上海海事大学、虹口区人民政府等20多家单位共同发起成立的。中心挂靠上海海事大学，是国际航运业发展的研究和咨询机构，为政府和国内外企业与航运机构等提供决策咨询和信息服务，是上海市教委首批建立的“高校知识服务平台”之一。2014年，市教委将该平台挂牌为“上海市协同创新中心”。

4）智库品牌

学校设有3个博士后科研流动站（交通运输工程、电气工程、管理科学与工程），4个一级学科博士点（交通运输工程、管理科学工程、船舶与海洋工程、电气工程），17个二级学科博士点，16个一级学科硕士学位授权点，63个二级学科硕士学位授权点，13个专业学位授权类别，48个本科专业。拥有12个省部级重点研究基地。现有1个国家重点（培育）学科，1个上海市高峰学科，2个上海市高原学科，9个部市级重点学科，工程学科进入ESI全球前1%，港航物流学科保持全球领先。5个国家级特色专业，1个国家级综合改革试点专业，7个国家级一流本科专业建设点，6个教育部卓越工程师教育培养计划专业，17个上海市本科教育高地。现有2个国家级实验教学示范中心，2个国家级虚拟仿真实验教学示范中心，5个国家级实践教学示范中心，1个全国示范性工程专业学位研究生联合培养基地。设有水上训练中心，拥有万吨级集装箱教学实习船“育锋”轮，4.8万吨散货教学实习船“育明”轮。

5）智库人才

拥有1200余名专任教师，教授190余名，具有博士学位的教师比例约69.2%。在校学生24000余名，有本科生16500余人，各类在校研究生近6000人，留学生800余名。学校致力于培养国家航运业所需要的各级各类专门人才，已向全国港航企事业单位及政府部门输送了毕业生逾16万人，被誉为“高级航运人才的摇篮”。

6）学术交流

学校与境外100余所姐妹院校建立了校际交流与合作关系，开展教师交流、合作办学、合作科研、学生交换等。与联合国国际海事组织、波罗的海国际航运公会、挪威船级社等国际知名航运组织/机构建立了密切联系。自2010年起开设“国际班”，邀请美国、韩国、波兰、俄罗斯、德国等国家航海院校的学生来校学习“航海技术”“航运管理”等专业。2011年，经教育部批准，学校与加纳中西非地区海事大学合作举办“物流管理”本科教育项目，并开始在非洲招生，这是上海市地方高校第一个颁发中国高校本科文凭的海外办学项目。2012年，学校获教育部批准正式成为“接受中国政府奖学金来华留学生院校”。

4.3 战略型水路交通高端智库

战略型水路交通高端智库一般以国务院或国家综合部门为依托，层次较高，以应用性研究为主且兼顾软科学研究，规模较大，具有国际影响力，对于国家水运事业有重大贡献。比较有代表性的是交通运输部政策研究室及交通运输新型智库联盟、国家发展和改革委员会综合运输研究所。

4.3.1 交通运输部政策研究室

1）智库性质

交通运输部政策研究室隶属于交通运输部，是负责综合交通运输发展重大问题和重大政策研究及组织开展行业有关宏观政策研究工作；负责综合交通运输体制改革有关工作；指导公路、水路行业有关体制改革和指导地方交通运输体制改革；负责新闻宣传和重要文件、综合性报告起草等项工作的内设职能部门。交通运输部政策研究室也是交通运输及水运行业的顶级智库，其智库建言和研究成果对国家和交通运输行业均产生了重大影响。

2）智库机构

主任、副主任各1名，下设综合处、政策研究一处、政策研究二处、新闻宣传处。代部指导交通运输新型智库联盟的有关工作。

3）智库建设

交通运输新型智库联盟，于2010年1月8日成立，是在自愿、平等、合作、互利的基础上，由交通运输及相关领域研究单位组建的非营利的非法人研究联合体。中国工程院院士郑健龙当选为第一届理事长，第一批成员单位包括33家单位。大连海事大学当选为执行理事长单位，3家顾问单位分别是中国社会科学院工业经济研究所、中国工程院战略咨询中心、国务院发展研究中心产业经济研究部。另有，9个副理事长单位，20个理事单位，15个成员单位。联盟秘书处作为日常管理机构，由大连海事大学、交通运输部科学研究院、交通运输部党校、交通运输部规划院、交通运输部职业资格中心、北京交通大学、交通运输部天津科学研究院等单位的16名专兼职人员组成。明确业务分工，划分九大工作板块，完善规章制度，制定了文件、文档信息的流转程序。

4）智库宗旨

善谋善成，融通共享，守正创新，正本清源，传道解惑。

5）智库定位

打造决策咨询平台，当好"智囊团"；打造交流合作平台，做好政策研究；打造传播展示平台，当好"宣传队"；打造智库转型平台，当好"孵化器"。

6）智库人才

交通运输新型智库联盟有核心研究人员512人，其中中国两院院士3人，外籍院士2人，省部级领导专家16人，教授（研究员）261人。

7）智库职能

交通运输新型智库联盟主要职能包括交通智库建言、交通智库观察、交通智库专报、交通智库论坛、交通智库名家、交通智库沙龙、交通智库之声、交通智库丛书、交通智库讲堂等9个方面。

(1)交通智库建言。打造以战略性研究为主的决策咨询平台,为交通运输部领导提供决策、咨询、参考,积极向党中央、国务院推荐优秀的研究成果。

(2)交通智库观察。打造汇聚行业知名专家思想闪光点的决策咨询平台,为部领导决策咨询提供支撑。

(3)交通智库专报。打造以专业性研究为主的决策咨询平台,为交通运输部有关领导、司局、省厅、企业等提供决策咨询参考。

(4)交通智库论坛。打造在国内外具有较大影响力的交通智库高端论坛。主要面向交通强国,研讨行业具有战略性、前瞻性、全局性的重大问题,以及行业热点难点等。

(5)交通智库名家。培树具有社会影响力和美誉度的知名专家。依托中央主流媒体和行业媒体,充分发挥智库名家在解读政策、引导舆论中的发声定调作用。

(6)交通智库沙龙。打造智库专家自由开放、平等互动、思想碰撞的交流平台。主要以行业的热点、难点、新鲜点为主题,小切口,深挖掘、出思想。

(7)交通智库之声。主要依托行业平面媒体打造智库专家传播思想、解读政策、引导舆论的平台。

(8)交通智库丛书。打造行业最顶级、最前沿的智库成果高端丛书。

(9)交通智库讲堂。以智库专家已有的研究成果为基础,面向交通强国,结合需要,传播思想与知识。统一使用"交通智库讲堂"的载体,开展"送智进行业""送智下基层"活动,打造交通智库专家立足行业、面向基层的知识传播平台。

8)智库成果

交通运输新型智库联盟成立以来已有3篇研究成果得到中央领导的重要批示,2期《交通智库建言》得到部领导批示肯定。联盟以视频形式组织召开了"疫情对国际物流供应链的影响与对策""新形势下如何发挥港口作用"四期交通智库沙龙活动,聚焦当前我国面临的迫切问题,各位专家学者积极建言献策,达到了预期效果。

9)智库刊物

拥有《中国交通报》《中国水运报》,以及《中国公路》《中国道路运输》《交通建设与管理》《运输经理世界》《交通世界》《交通运输研究》(核心期刊)等多部杂志。

4.3.2 国家发展和改革委员会综合运输研究所

1)智库建设

国家发展和改革委员会综合运输研究所(简称"综合所")作为中国宏观经济管理领域唯一的从事综合性交通运输研究咨询机构已经被列入国家高端智库建设试点单位。尽管水运研究仅是其工作的一部分,但综合所仍是影响国家层面决策的重要水路交通高端智库。

2）智库性质

综合所是国家发展改革委宏观经济研究院所属的“综合运输”领域研究机构，是从事综合性交通运输规划发展、政策管理与决策支持的研究机构。研究领域包括：国家、区域、省（市、区）、城市群、城际、城市、城乡等不同空间范围的综合交通运输中长期发展战略、基础设施规划布局、交通运输经济与产业政策（投融资政策）研究；各种运输方式有机衔接、综合交通枢纽规划建设等研究；为中央和地方政府部门提供交通运输、现代物流发展所需的决策支持研究；利用独特的宏观视角，为交通运输与物流企业提供管理模式、经营战略、项目发展战略研究服务。

3）智库机构

综合所共设有两个服务政府决策的专门机构和六个研究机构。两个服务政府决策的专门机构分别是综合研究室和交通运输咨询研究中心。六个研究机构针对交通领域问题展开研究，分别是交通运输战略与规划研究室、交通运输管理与政策研究室、交通运输服务与物流研究室、交通运输经济研究中心、城市交通运输研究中心、交通运输技术研究中心。

4）智库职能

综合所综合研究室作为国家高端智库，从事交通运输规划与政策支撑研究的职能部门为更好地服务政府决策，在与政府需求衔接的过程中，直接对接国家发展改革委中心工作，承担服务国家宏观决策的国际性、战略性、综合性交通运输重大理论和政策问题，为专门研究部门更好对接国家社会需求服务。交通运输咨询研究中心是综合所为完善国家高端智库交通领域咨询研究功能、拓展研究服务领域而设立的专门机构，以“当好政府参谋，做好企业服务”为宗旨，致力于国家智库成果的市场化应用，为各级政府及企事业单位提供优质的综合交通运输领域规划、战略、运营和投融资等研究咨询服务，中心重视实现项目咨询成果的宏观性与地区特色相融合，是研究服务社会需要的代表性部门。交通运输战略与规划研究室，研究领域涵盖综合运输理论、交通运输战略与规划、企业发展战略与规划；研究范围包括交通发展战略、综合运输体系规划、区域性和地方性交通规划、运输政策、重点专项、重大工程、企业发展等。交通运输管理与政策研究室，研究交通运输业发展战略、规划和政策等热点和重点问题；研究交通运输业重点发展政策、优先发展政策和综合发展政策；研究交通运输业投融资方式途径、价格收费、体制机制改革创新；研究交通运输产业（临空、港经济）可持续发展等。交通运输服务与物流研究室，从事国家宏观物流产业政策研究、综合运输体系发展规划研究、全国、省、市物流发展规划研究、城市物流与产业协同、联动规划研究、物流基础理论研究、企业内外部物流系统设计、物流供应链一体化方案设计、交通运输及物流项目投资咨询与经济评估、交通运输及物流企业发展战略与经营管理策略研究。交通运输经济研究中心，研究范围包括交通运输发展规划及政策、交通运输经济和社会影响分析、交通运输技术和经济方案论证、交通运输节能减排、能源运输经济分析、通道经济与枢纽经济等。城市交通运输研究中心，在大城市及城市群交通发展战略与规划、城市公共交通发展战略、城市轨道交通投融资与运营管理、综合交通枢纽规划与管理、城市绿色交通、停车产业化等方面取得一系列研究成果，对国家部委和地方政府制定城市交通相关决策和政策文件提供了重要支撑。交通运输技术研究中心，从事区域和城市物流发展规划、物流园区建设运营方案策划、运输方案经济性分析及可行性研究、交通运输和物流企业发展战略咨询、交通运输经济形势分析等。

5）研究成果

综合所自成立以来，研究成果丰富，为我国的交通运输事业做出了杰出贡献。截至目前，综合所有 6 项研究成果获国家科技进步一等奖，20 项获省部级科技进步奖，累计完成的研究课题约 1000 多个，有关交通战略研究、政策研究、规划研究和形式跟踪的对策研究成果，为国家宏观决策提供了科学依据，起到了咨询建议作用，很多被国家有关机关采纳。《长江经济带发展规划纲要》《“十二五”综合交通运输体系规划》《“十三五”现代综合交通运输体系发展规划》《城镇化地区综合交通网规划》《中欧班列建设发展规划》《促进综合交通枢纽发展的指导意见》《关于打造现代综合客运枢纽提高旅客出行质量效率的实施意见》《关于推动交通提质增效提升供给服务能力的实施方案》等国家重大战略、规划和政策都是在综合运输研究所的参与下完成的。

4.4 策略型水路交通高端智库

策略型水路交通高端智库多以水运应用研究为主，参与水运软科学或基础研究的成分较小，具有规模大以及行业影响力和行业贡献大的特点，但对国家层面决策的影响力还不够。比较典型的是交通运输部水运科学研究院、中交水运规划研究院、天津水运科学研究所等 3 家单位，均以水运科研咨询为主，并在水路交通高端智库建设方面取得一定成绩。另外，交通运输部规划院和交通运输部科学研究院也是行业重要的策略型水路交通高端智库，但它们研究领域宽泛涵盖交通运输各个领域，水路交通高端智库仅是其工作的一部分，故不作为重点介绍。

4.4.1 交通运输部水运科学研究院

1）智库建设

交通运输部水运科学研究院（简称“水运院”），2020 年入选交通运输新型智库联盟副理事长单位，以“国内一流、国际领先”为目标，建设中国水路交通高端智库。

2）智库性质

交通运输部水运科学研究院成立于 1956 年，是我国成立最早、规模最大的水路交通运输科研机构，也是唯一的水路综合性交通运输科研机构。经过60年的发展，水运院已经成为涵盖水路交通运输各个领域的科研事业单位。作为水运科学研究的国家队，在交通运输部党组的正确领导下，水运院始终以科研报国、科研兴交为己任，坚持科研立院、人才强院。

3）智库职能

集水运高新技术研究、行业发展咨询、工程设计承包、新技术产品开发、技术管理培训和航运产业于一体，聚水运工程咨询、环境评价、安全评价、通信信息网络系统集成、港口装卸工艺设计、交通建设工程试验检测、船员培训与劳务外派等于一身。

4）智库成果

高质量完成了一系列国家级和省部级重大科研课题，牵头组织开展了多项重大科研攻关，形成的优秀科研成果有力地支撑了我国水运事业发展，为交通运输部和各级政府部门提供了可靠的智库建议。水运院创造了中国水运科技史的多项第一，如规划了第一条国际集装箱运输航线，设计了第一套集装箱码头管理信息系统，研发了第一只国际集装箱和第一台岸边集装箱装卸桥等。截至目前，共完成各类科研项目7000余项，获国家科技奖励27项，省部级科技奖励269项。

5）智库人才

全院在职职工1000余人，其中科研人员408人，博士、硕士、本科生比例分别为9.31%、55.39%、23.28%。

6）智库机构

全院占地面积17.2万平方米，建筑面积6.6万平方米，在大兴拥有一座占地208亩的大型综合性实验基地；资产总额19.4亿元，其中流动资产10.6亿元。现设7个机关职能部门、19个院属单位、15家独资或参股企业和1个博士后科研工作站，挂靠有3个全国标准化技术委员会及分支机构、3个中国航海学会分支机构、8个经交通运输部批准设立的专门工作机构。建有2个行业重点实验室、5个院级实验室和多套实验系统与装备。

7）智库刊物

院创立出版《水运科技》《水运科学研究》《集装箱运输》《船舶防污染》等多本内部刊物，以及《水路交通决策参考》等行业发展分析资料，定期发布中国港口股票指数和中国航运股票指数等。

4.4.2 天津水运科学研究院

1）智库建设

交通运输部天津水运工程科学研究院（简称“天科院”）致力于发挥技术专长资政辅政，在政策研究、战略规划、标准制定、指南修编、应急救援等方面全面发力，成功入选交通运输部部长政策咨询委员会、交通运输部专家委员会、交通运输部新型智库联盟等高端智库。

2）智库性质

天科院得到交通运输部的大力支持，按照“发挥独特专长，打造新型智库，在交通强国建设中发挥更大作用”的要求，以推进交通强国建设为主线，坚持“为部服务、支撑行业、服务社会”基本宗旨，遵循“政治建院、科研立院、改革兴院、人才强院”基本原则，重点实施“科研领先、产业壮大、高端人才”三大工程，取得了令人瞩目的成就。天科院将进一步解放思想、开拓进取，加快建设国内领先、国际知名、世界一流的水运工程科研机构。

3）智库发展

天科院成立于 1974 年，是交通运输部直属科研事业单位。1974 年 4 月 18 日，由交通部批准，将天津港回淤研究站和交通部西南水利水运科学研究所合并，成立交通部天津水运工程科学研究所。1982 年 7 月 5 日，经天津市政府同意，成为驻津单位。2010 年 1 月 1 日，经交通运输部批准，启用“交通运输部天津水运工程科学研究院”名称。

4）智库职能

天科院具有工程咨询、勘察、设计、监理、评价等十余项甲级资质，通过英国劳氏 ISO9001 质量体系认证。主要从事交通运输科技事业发展中具有基础性、战略性、前瞻性等共性技术和重大工程建设关键技术研究。研究范围涵盖深远海工程、河口海岸工程、内河港航工程等多个领域，专业覆盖水动力及潮流泥沙、水工结构、环保生态、安全节能、计量检测、仿真与信息化、勘察测绘、岩土工程、风工程、造价定额、工程管理及环境监理等领域的科研实验、技术咨询、政策研究与战略规划等科技服务工作。

5）智库机构

天科院坐落于天津市滨海新区核心区，拥有一个本部及两个基地，总占地 41 万平方米，科研用房和实验室总建筑面积 16 万平方米。下设 15 个科研中心和 4 个科技企业。拥有港口水工建筑技术国家工程实验室、国家水路绿色建设与灾害防治国际科技合作基地、国家水运工程检测设备计量站、中国 - 印度尼西亚港口建设与灾害防治联合研究中心等 4 个国家级平台，拥有工程泥沙、水工构造物检测诊断与加固技术、水路交通环境保护 3 个交通运输行业重点实验室，以及天津市水运工程测绘技术重点实验室，拥有天津市交通运输行业环境监测中心站和博士后科研工作站。建有世界最大的 450m 长大比尺波浪水槽、国内最大的 500gt 港口土工离心机和 20 余座物理模型试验大厅，以及技术先进的直流风洞实验室、360° 船舶操纵模拟器等一大批先进的科研设施。

6）智库人才

拥有享受国务院特殊津贴专家 19 人，正高级研究人员 62 人，博士 112 人，各类注册职（执）业资格人员 373 人。

7）智库成果

近五年来，天科院承担各类项目6000余项，其中国家及省部级科技计划项目130余项，国家重大工程研究项目400余项，韩国、马来西亚、印度尼西亚等20余个国家的海外工程研究120余项，与美国、德国、日本等20多个国家科研机构开展合作。获得国家科技进步奖4项，国家优质工程奖4项，省部级科技进步奖140余项。

8）智库创新

天科院的发展坚持与时代同频、行业同向，致力于以悬浮隧道为代表的前瞻性研究，开展了全球首次悬浮隧道物理模型试验，被中央电视台、新华网、科技日报等五家媒体跟踪报道；致力于以科技创新解决行业难题，建立了我国首个桥基船舶尾气遥测站和国内首个大型港口码头全寿命周期安全健康监测系统；致力于推动科研大设施的共享共用，在“中央级高校和科研院所等单位重大科研基础设施和大型科研仪器开放共享评价考核”中成为交通运输系统唯一进入前十的机构。

9）智库刊物

主编的《水道港口》是国家一级期刊，被美国《剑桥科学文摘》等国际检索机构收录为刊源期刊。

4.4.3 中交水运规划设计院

1）智库建设

中交水运规划设计院有限公司（原交通部水运规划设计院，简称“水规院”）作为全国水运规划设计和关键技术研究的行业智库，主动站位、总体部署，全力为国家水运战略提供技术支撑和咨询储备。

2）智库性质

中交水运规划设计院有限公司，成立于1951年，是新中国第一家水运勘察、规划与设计机构，为国有全资企业，隶属中国交通建设股份有限公司。现拥有中交水运规划设计院有限公司、中国交通信息中心有限公司、中交铁道勘察设计院有限公司与中交建筑研究院有限公司四大行业品牌。以“咨询发展、设计未来，让世界更畅通”为愿景，秉承“发展企业、报效祖国、服务社会、实现自我”的企业宗旨，贯彻“实干、简约、协同、高效”的工作理念，打造“大土木、大交通、一体化、数字化、国际化”的国际一流工程咨询公司。

3）智库职能

具有国家最高工程设计综合甲级及其他50多项资质，已形成了规划咨询、水运设计、信息技术、工程总承包及管理、铁路工程、建筑工程、工程监理、岩土工程、海外业务、投融资10大业务板块，业务遍及祖国的三江两河和18000公里海岸线以及亚洲、非洲、美洲及欧洲等

60多个国家与地区，为客户提供大土木、大交通、一体化的解决方案与服务。主办多家行业学会、协会。

4）智库成果

设计了新中国第一座海港、第一座内河港、第一座船厂、第一座大型船闸，为国内外客户提供了6000多项交通建设工程的规划、设计、管理和工程总承包成果。其中包括以专业化集装箱港区为代表的大型集装箱码头，以40万吨级矿石码头为代表的大型干散货码头（矿石、煤炭、粮食），以45万吨级原油码头为代表的大型液体散货码头（原油、LNG、LPG、石油化工），以葛洲坝和京杭运河为代表的航道枢纽，各类散杂通用码头等一大批国家重点工程。获得咨询、设计、管理、科技等各类奖项210余项，其中国家科技进步特等奖、一等奖、二等奖6项，国家级设计金、银、铜奖18项，詹天佑与鲁班奖13项。省部级以上科技类奖77项。主编、参编了90余本国家及行业工程技术规范，承担了国家“863”“科技支撑”和交通运输部多项重大科研开发项目。

5）智库人才

水规院现有10个业务所，全资与控股公司、分院、分公司共18家，员工1100人，培养和造就了以院士、设计大师为代表的一大批素质高、技术精、作风硬、结构合理的人才队伍，为社会输送了大量各类优秀人才。走出了2名院士，培养了4名国家级设计大师，1名国家百千万人才，52名（累计）享受政府特殊津贴的国家级专家，100多名教授级高工，300多名高工，150多名各类注册师。

6）智库刊物

主办了《水运工程》国家核心科技期刊。

4.4.4 交通运输部科学研究院

1）智库建设

交通运输部科学研究院（简称“交科院”），是交通运输部智库建设试点单位，2020年入选交通运输新型智库联盟副理事长单位。自2010年起，该院每年划拨一定额度的单位内部经费支持智库建设，并于2016年11月印发了交通运输部科学研究院《“高端专业智库”建设方案》（以下简称“建设方案”）。交科院高端专业智库建设主要有两个方面：一是以凝聚可用资源，包括任务资源、经费资源、平台资源和专家资源等；二是建设智库团队，包括制定建设方案、开设建设试点（交通运输经济运行分析团队、交通运输发展战略团队）。

2）智库性质

现为交通运输部直属交通运输综合性科研事业单位，主要面向政府主管部门、交通运输行业开展基础性、前瞻性、公益性研究以及技术咨询、服务工作，是支持交通运输部科学决策、部机关履行职能和行业科技创新的重要力量。交科院将继续深入实施创新驱动发展战略，践行“科技强交、造福社会”的发展使命，立足“高端专业智库、一流创新基地、重要服务平台”的发展定位，力争成为公益属性突出、业务布局合理、运行管理高效、创新人才辈出的新型综合性科研院所，为交通强国建设提供智力支撑与技术保障。

3）智库影响

交科院行业影响力较大，其中交通运输发展战略规划、政策法规、标准等方面的研究成果被政府部门大量采用，信息化、环保安全、低碳交通、公路工程等领域的尖端技术得到市场的广泛应用，行业科技交流、成果推广、检测认证等科技服务领域得到认可。

4）智库发展

1960年11月17日，原交通部科学研究院成立。1999年9月，原交通部科学研究院（含长江口深水航道科学试验中心）、交通部科技信息研究所、交通部标准计量研究所、交通部广州信息技术研究所重组成立交通部科学研究院。2010年1月1日，正式更名为交通运输部科学研究院。

5）智库职能

一是开展前瞻性、公益性、基础性科学研究；二是开展社会中介和科技服务工作；三是围绕行业发展建设几个具有开放流动功能的重点实验室。最终成为适应交通运输行业公益性、基础性、服务性特点的，适应政府、企业、社会需要的新型科研机构，成为行业创新体系中的重要组成部分。

6）智库成果

围绕交通运输部党组工作重点和行业发展热点难点问题，加大力量投入，形成一系列重大研究成果，为部党组、各司局科学决策提供了重要支撑，支撑部出台文件171个。完成省部级及以上重点科研项目249项，完成行业经济运行与统计分析成果91项，制修订国家与行业标准规范66项，技术审查国家与行业标准规范584项。获得省部级以上科技奖87项、专利授权28项（其中发明专利13项）、软件著作权81项。发布《中国城市客运发展报告》《中国道路运输发展报告》《绿色交通运输发展报告》等有关报告数十部。出版学术著作74部，发表学术论文1694篇（其中SCI、EI和ISTP三大检索收录162篇）。

7）智库交流

与国际组织、科研机构及高校签署合作协议6项，承担沃尔沃研究与教育基金会、世界银行、亚洲银行、全球环境基金、美国能源基金会等国际合作项目23项，资助资金折合人民币3365万元；承办大型国际学术会议7次，选派业务骨干参加各类国际学术交流232人次，国际交流合作层次及水平显著提高。

8）智库刊物

内部刊物《交通发展与改革研究》与《国外交通发展动态》编印101期，创办学术期刊《交通运输研究》。

4.5 政策型水路交通高端智库

政策型水路交通高端智库较多，一般附属于政府、企业、社会组织的管理部门或者是内设机构，主要为决策、管理提供政策性服务，智库规模和行业影响力都较小。如浙江海事局发展战略研究中心、长江航运发展研究中心、中国远洋海运集团研究咨询中心等。

4.5.1 浙江海事局发展战略研究中心

1）智库性质

浙江海事局发展战略研究中心于 2015 年成立，是承担海事系统发展战略、政策、体制机制、国际履约研究的处室办事机构。在协助交通运输部海事局，提高在 IMO 话语权，以及参与国际会议、国际谈判和国际合作中发挥了重要作用。

2）智库宗旨

围绕提升海事制度性话语权、服务国家重大战略、维护航运业可持续发展，积极拓展国际海事合作平台，致力于成为海运全球治理的建设者，服务“一带一路”倡议的先行者，航运低碳发展的助推者。

3）智库职能

围绕海事系统性、综合性、基础性、长期性问题，收集有关信息数据，开展海事发展战略研究。研究和跟踪国内外有关水上交通安全、航海保障、船舶和水上设施检验、环境保护、海洋管理、海洋权益、海事立法等方面的法律法规、方针政策及其发展动态。牵头浙江海事局的国际海事战略研究管理，开展战略性、前瞻性的国际海事发展研究。研究海事管理体制、机制问题，为海事系统和浙江海事科学发展提供政策建议和咨询意见。按照浙江海事“走在前列”的总体方向，针对浙江海事发展中的重点、焦点、难点和阶段性问题，开展相关战略研究工作。参与制定海事中长期发展规划；参与交通运输部海事局和浙江海事局有关重要文件、文稿的起草和有关重大事项的调研工作。研究国际海事发展趋势及其经验教训，跟踪分析国内外海事管理和科技发展、行业动态等相关信息。研究海事国际履约事项，参与相关国际海事事务。开展与海事发展战略相关的国内外交流和合作研究。承办上级交办的其他事项。

4）智库交流

成立不到两年先后承办或成功争取高端国际会议 8 次，派员参与国际交流合作和谈判 21 人次，与国际组织和周边国家建立了稳固的合作关系和沟通机制，展示了中国作为发展中大国和航运大国的国际担当和先行形象。提交的与会议案和政策建议多次得到谈判牵头部门高度认可，已经成为交通运输部开展海运减排谈判的关键技术支撑，仅2016年就向IMO递交高质量提案5份，在数量上超过了欧美国家。积极筹备中国海事局与美国海岸警备队战略合作研讨会，提出了中美海事合作的共同目标和合作领域。认真组织东盟地区论坛（ARF）绿色航运研讨会，精心设计了“绿色航运”主题。在巴黎气候大会上，面对欧美国家对于IMO既定减排进程的压力，积极应对发出了中国声音，最大程度地实现了中方既定目标和方案，保障了IMO既定路线的进行。在伦敦IMO会场，依托中方高质量提案成功促成“中国方案”与美国提案共同作为战略制定框架基础。代表中国与IMO，在大连海事大学成功举办面向发展中国家师资队伍的师资培训和面向航运企业的船舶能效规则履约培训等❶。

4.5.2　长江航运发展研究中心

1）智库建设

长江航运发展研究中心作为长江航务管理局核心智囊团和行业智库，积极参与国家部委相关科研工作，为行业发展建言献策；积极开展民生热点难点问题调研，为领导决策提供技术支撑；积极推进行业技术服务工作；夯实水工现场安全质量监管基础，深入开展平安工地考核评价、品质工程示范创建、施工标准化示范创建活动，不断提升长航局系统工程建设管理水平和工程实体质量；不断提升枢纽通航协调能力；积极服务长江港航企业发展，推动组建“绿色航运专业委员会”“互联网＋港航专业委员会”“商品车滚装专业委员会”，联合武汉航交所发布中国长江商品汽车滚装运输运价指数。

2）智库性质

长江航运发展研究中心隶属交通运输部长江航务管理局，事业编制，现有员工56人。

3）智库职能

负责长江航运发展战略、规划、专题研究及技术咨询；负责长江干线航道和三峡枢纽等通航建筑物管理、工程质量安全管理、环保评价监测、水路运输和港口发展的技术服务工作；负责长江航运市场监测和信息发布工作。

4）智库成果

先后完成上级部委布置的《长江船型标准化政策实施效果评价》《长江干线水上洗舱站布局方案》《国内水路旅客运输管理规定》《深入推进长江经济带多式联运发展实施意见》《关于加快长江干线水运推广清洁能源应用工作的指导意见》等5项政策性文件的调研、咨询任务。开展长江安徽区段江心过驳、港口铁水联运、港口岸电应用、旅游客运发展、“互联网＋”

---

❶ 浙江海事局发展研究中心．走出国门海事之声闪耀世界舞台[J]．中国海事，2016（12）：13-15.

长江航运物流信息平台等5项专题调研。完成《裕溪口港区发展战略研究》、舟山《长江商品车滚装、冷链江海联运》研究、中铁建泰兴公用码头工程技术咨询、《泸州市集装箱航运航线补贴方案研究》等多项课题研究任务。积极开展三峡枢纽水运新通道研究、向家坝枢纽河段通航管理研究。配合完成2018年三峡南线、葛洲坝一号船闸检修工作。完成三峡枢纽水运新通道航运关键技术比较研究3个课题。

5）智库研究

——**重点抓好绿色航运发展研究。**在长江干线水上洗舱站建设工作上，积极推动出台洗舱趸船的相关规范和标准。同时，促进地方港口企业合作，推动洗舱站建设落地。LNG加注站、接卸站的布局建设工作中，将依托长江港航物流联盟平台，积极向港航企业做好LNG宣贯工作。在推广岸电实验区建设经验上，积极向各省市港航部门、企业推广三峡坝区岸电实验区建设经验和做法，引导港口岸电设施建设以及船舶受电设施改造。

——**持续加强三峡通航保障。**修改完善向家坝枢纽河段通航调度规程，参与做好三峡枢纽水运新通道航运关键技术比较研究、三峡枢纽水运新通道航运关键技术比较研究协调管理工作。

——**强化质量安全管理。**持续推进品质工程、平安工地建设、标准化建设工作；强化市场监管，抓好监理和试验检测机构的信用评价；加强人员业务水平培训，进一步提升质监人员业务水平和综合素质。

——**积极贯彻运输结构调整精神。**全力推动以水运为核心的多式联运，特别是铁水联运、江海联运（直达）发展，促进运输结构调整。在铁水联运方面，引导港口企业加强与铁路、航运等企业之间合作，优化铁水联运运输组织。在江海联运（直达）方面，继续推动长江港口与宁波舟山港等沿海港口的对接合作，推动集装箱、商品车滚装等江海直达船型研发。

——**积极引导新兴业态发展。**充分发挥长江港航物流联盟作用，深化推进“长江水上旅游发展规划”研究、长江联运冷链运输的相关基础研究，推动水上旅游客运发展和长江冷链运输发展。

——**充分发挥航运市场监测功能。**探索推进“智慧技术”在多式联运、统计工作应用；联合武汉航交所发布中国长江商品汽车滚装运输运价指数，提升航运市场政策引导能力。

4.6 专业特色型水路交通高端智库

专业特色型水路交通高端智库一般附属于大学、科研机构、政府部门，虽然规模较小，但在智库研究、服务和国际化方面具有特色优势，而且国内外知名度较高，属于十分活跃的智库类型。具有代表性的是上海国际航运研究中心、大连海事大学“一带一路”研究院。

4.6.1 上海国际航运研究中心

1）智库建设

上海国际航运研究中心挂靠上海海事大学，是全球航运智库联盟发起者和组织者。2008年7月14日成立，2014年被列入上海高校人文社会科学重点研究基地建设计划，在一定程度上可以认为是水运领域具有代表性的智库。

2）智库特色

（1）专业特色鲜明。上海国际航运研究中心是国际航运业发展的研究和咨询机构，以上海国际航运中心建设为依托，围绕国际航运中心建设这一核心问题，主要开展航运市场动态跟踪、分析和预测和港航管理咨询等研究工作，为政府和国内外企业与航运机构等提供决策咨询和信息服务。

（2）运作方式开放。中心由21家港航相关机构发起，采用理事会决策机制管理，现已拥有包括地方政府、大专院校、科研单位、行业协会、国际组织和港航企业在内的300余家理事单位。除必要的内设职能部门和有限的全职研究人员外，还采取合作、交流、兼职等多种方式广泛吸收业内专家和人才。

（3）产品服务丰富。提供决策咨询、信息发布、人才服务、咨询研究、信息收集预测等服务，为国内外航运和物流界专家、学者在提供研究平台，建立航运和物流信息与资料集散中心，组织和参与国际、国内与航运和物流相关的具有影响力的高端论坛，举办各类高层次的国际化的航运和物流人才的培训，完成政府和社会提出的其他相关任务。

3）智库刊物

目前已出版国内外发行的中英文版的航运专业期刊和简报，形成了航运市场分析报告、港口发展报告、航运景气指数、港航发展评论、海运信息网站、航运数据库、港航物流论坛沙龙等多种形式的产品服务和信息交流发布渠道，在业内形成了一定的影响力。

4）研究经费

除对外开展咨询、信息、培训等服务获得一定研究经费作为补充外，上海市教委每年拨付500万元经费用于针对航运中心建设问题的相关研究。

5）绩效考核

上海市教委以5年为周期对研究中心开展目标考核，如考核合格，则研究中心事业编研究人员参照上海海事大学同职称研究人员的平均薪酬水平确定工资。

4.6.2 大连海事大学“一带一路”研究院

1）智库建设

——**智库联盟。**大连海事大学“一带一路”研究院牵头的“一带一路”智库合作联盟（以下称“智库联盟”），是拥有100多家国内外智库的国际合作网络。

——**国际交流合作。**2017年2月24日，“一带一路”智库合作联盟理事会第三次会议暨专题研讨会在北京举行，会议由中共中央对外联络部当代世界研究中心主办。来自全国93家智库和研究机构的代表200余人出席会议。中共中央对外联络部副部长、“智库联盟”理事会共同理事长郭业洲在会议致辞。会议确定了中蒙俄、新亚欧大陆桥、中国—中亚—西亚、中国—中南半岛、中巴、孟中印缅六大经济走廊国际智库合作网络，以及澜沧江—湄公河合作机制国际智库合作网络的牵头智库。其中，大连海事大学与华侨大学、广东外语外贸大学为“21世纪海上丝绸之路”国际智库合作网络的联合牵头单位。在智库联盟的指导和统筹下，由牵头单位负责联系相关国家主流智库，组织召开相关国际国内研讨会，开展有针对性的调研。

——**确定智库联盟发展目标。**四个努力方向：一是从政治引领的高度，发挥智库联盟引导作用；二是从智力支持的角度，提高对“一带一路”建设的贡献率，从全球的高度和历史的角度思考“一带一路”建设的推进思路和路径，为中央决策提供更高水平的智力支持；三是从机制建设的维度，进一步优化运作模式；四是打造“一带一路”升级版、做实做好“一带一路”民心相通工作、推进“一带一路”转型升级积极建言献策、贡献智慧。

2）智库性质

大连海事大学“一带一路”研究院2016年成立，专门为国家“一带一路”建设提供前瞻性理论和规划，为相关部门和企事业单位提供决策咨询和技术服务。大连海事大学“一带一路”研究院是“21世纪海上丝绸之路”国际智库合作网络牵头单位❶。2017年12月20日，大连海事大学“一带一路”研究院入选中国智库索引CTTI来源智库❷。

3）智库团队

研究院下设10个研究所和一个研究中心，从人文、政治、自然资源、地理条件、区域经济、国际公约、法律制度、沿线国家与我国贸易互补关系等方面，重点研究“21世纪海上丝绸之路”建设中与交通运输相关的理论和现实问题。

4）智库成果

智库为“一带一路”注入蓝色基因❸。大连海事大学校长孙玉清说“在建设21世纪海上

❶ 大连海事大学“一带一路”研究院荣任“21世纪海上丝绸之路”国际智库合作网络牵头单位.2017-2-28，www.gx211.com.

❷ 大连海事大学“一带一路”研究院入选CTTI来源智库. 2017-12-21，www.gx211.com.

❸ 大连海事大学为“一带一路”注入蓝色基因[N]. 中国教育报，2019-04-24.

丝绸之路的宏伟蓝图中，作为中国高等航海教育学府，在智库支持、人才培养、教育输出方面具有义不容辞的使命和责任。”，研究院开展援外培训，于2017年成为上合组织国际司法交流合作培训基地大连研修中心。凭借学校在国际司法、海上交通安全、“一带一路”研究等领域所具备的教学优势及科研实力，为培训基地提供技术、人力、场地及智库支持。其承办的来自吉尔吉斯斯坦、白俄罗斯、塔吉克斯坦、乌兹别克斯坦4个国家公安部高级执法官员研修班，取得了良好的培训效果。

4.7　专业研究型水路交通高端智库

专业研究型水路交通高端智库以某一领域应用技术研究为主，产学研结合，在技术研究和科技成果转化方面均有较好表现，有力支持了行业发展。具有代表性的有大连理工大学港口发展研究中心、国家内河航道整治工程技术研究中心等。

4.7.1　大连理工大学港口发展研究中心

1）智库性质

大连理工大学港口发展研究中心成立于2004年4月20日，是大连理工大学组建的港口规划、港口物流、港口工程设计的咨询研究机构。除了承担国家自然科学基金项目等纵向课题外，还承担省市有关部门、交通运输规划和海洋监测等机构的技术咨询。

2）智库宗旨

加快大连理工大学相关学科建设，培养全方位高素质人才，更好地服务社会。

3）智库成果

先后完成了港口规划理论的创新、国际集装箱运输系统优化、港口与港口城市互动理论、港口的规划指标体系理论、港口景观规划理论、沿海港口航道通过能力等方面的科研课题。完成“辽宁省港口资源整合战略研究”，创新性地提出了“功能协调型差异化发展模式”，获得了中国航海学会科技进步奖。负责完成了大连港“一岛三湾”核心港区规划、大连航运价格指数体系的编制、长兴岛造船工业园区工程方案设计。研究提出了沿海港口航道通过能力的解析公式，并获得中国水运建设行业协会科学技术一等奖。

4）智库人才及培养

中心拥有专职教师5人，特聘教授1人，兼职教授3人，海天学者1人。长期招收港口规划方向的硕士和博士研究生，工程管理方向的博士研究生，同时接收在职研究生、联合培养研究生。中心还与国内外一线专家学者联合培养研究生，向社会输送港口工程领域高层次人才。

4.7.2 国家内河航道整治工程技术研究中心

1)智库性质

国家内河航道整治工程技术研究中心于2011年1月由科学技术部批准组建,以依托重庆交通大学的重庆市航运工程技术研究中心、交通运输部内河航道整治技术实验室等4个省部级重点实验室为基础,与长江航道局产学研紧密协作共同组建而成。中心以航道整治技术、渠化工程与枢纽通航技术、内河筑港技术的研发为主要任务。

2)智库机构

中心占地约500亩,建筑面积共80000平方米;设有集人才培养、技术研发、工程设计与推广应用一体化的四个主要专门机构;建有航道整治、渠化工程、港口工程、水沙科学、船模技术、水工结构等12个实验厅;拥有粒子成像速度场仪(PIV)、港工结构试验系统、声学多普勒流速仪(ADV)、激光粒度分析仪等世界先进水平的仪器设备2100台套,总值约1.1亿元。同时拥有Abaqus、Fluent、Ansys、Plaxis、Nastran、Adina等专用大型数值仿真软件。

3)智库人才

中心依托单位现有内河航道整治工程技术的研发人员363人,其中高级职称200人,中级职称163人,其中中国工程院院士1人,新世纪百千万人才国家级人选4人,省部级学术带头人15人,交通部科技英才8人,26人享受国务院政府津贴;25人具有注册港航工程师执业资格;4人注册机械工程师执业资格,5人具有注册岩土工程师执业资格。

4)智库成果

中心每年承担国家级、国家重大工程专项、省部级以及企事业委托的项目180余项,年均科研设计经费超过1.0亿元。研发成果先后获得各类奖项100余项,其中国家级奖11项,获得专利30余项,出版学术专著、教材和规范30余部。科研成果转化率90%以上。中心在几十年的技术开发、工程设计和实践中,获得了数十项内河航道整治工程技术成果,为提升我国内河航道整治工程技术水平做出了重要贡献。

4.8 专业学术型水路交通高端智库

专业学术型水路交通高端智库以大学为依托,以专门软科学学术研究为核心,为行业提供学术型、理论性的研究成果,并把学术研究与人才培养结合起来,在各种智库中属于数量较小和规模较小的智库。比较典型的是上海海事大学海商法研究中心、大连海事大学国际海事公约研究中心等。

4.8.1 上海海事大学海商法研究中心

1）智库性质

上海海事大学海商法研究中心成立于2000年11月，是国内最早成立的专门从事海商法研究的机构。海商法研究中心依托上海海事大学航运物流专业基础和上海市高等学校本科教育高地——法学（海商法）专业，以上海市重点学科国际法学（海商法）为龙头，涵盖海商法、国际航运政策与管理法、海事国际私法、海洋法等领域。经上海市教育委员会批准，中心于2007年12月确定为上海市人文社会科学重点研究基地。

2）智库宗旨

以“立足上海、服务全国、面向世界”为宗旨，逐步建设成为中国海商法的理论研究中心、人才培养中心、咨询服务中心和数据信息中心。

3）智库研究

中心以航运法律和政策的研究为中心，重点研究我国海商法、航运法的理论和法律制度的完善，以及国家航运强国战略和上海国际航运中心建设中的法律与政策问题战略，并为此积极组织重大科研项目，积极申报国家社会科学基金项目和省部级科研项目。

4）智库机构

下设海商法研究室、国际航运政策与管理法研究室、海事国际私法研究室，是国内最早的以“海商法研究中心”命名、全方位从事有关航运的法律与政策研究、立法与决策咨询和人才培养的机构。

5）智库影响

上海海事大学自建校以来一直设有以海商法为核心的国际法学类课程，在海商法界魏文翰、魏文达教授的带领下，首开我国高等院校海商法教学与科研的先河。1979年，开始招收国际法学研究生，是我国最早开设海商法硕士研究生教育的高校，1981年成为我国首批获得国际法学硕士学位授予权的高校，迄今已经培养毕业法学硕士400多名，为我国的港航、外贸、保险以及海事审判、律师行业输送了大量人才。

4.8.2 大连海事大学国际海事公约研究中心

1）智库性质

大连海事大学国际海事公约研究中心成立于2004年7月，是一个集科研、教学双重任务于一身的专门性研究机构。中心在跟踪国际海事组织的动态及其制定的各种公约和规则，研究国际海事公约精神实质的基础上为我国参与IMO活动及其他类似的国际活动提供决策依据；为国家有关主管部门保障水路交通安全、保护海洋环境提供咨询意见；为国内航运企业安全、有效地营运船队提供法规和信息服务；为本校及其他教学科研单位提供科研、教学及学科建设方面的参考信息与建议。

2）智库职能

跟踪和研究国际海事公约的制定、修改以及实施的动态。出版《国际海事公约研究与动态》，办好国际海事公约研究中心网站，定期发布国际海事组织及其公约的信息。承担有关海事公约的研究课题。组织召开有关国际海事公约研究的学术会议，参加国内和国际有关国际海事公约的会议。参与国际海事公约相关的人才培养以及学科建设任务。

3）智库研究

以海事海商及其相关问题为研究对象，以建立健全海事、海商法律制度为研究目标，具有鲜明的涉外性、技术性和特殊性，其相关理论和实践都独具特色而不能为其他学科所替代或覆盖。以我国著名海商法专家、博士生导师司玉琢教授为带头人，集中了我国目前该研究领域最有影响的专家学者，研究力量最为雄厚，研究成果最为丰富，其科研成果和学术水平在国内同行中处于领先地位，在国际海商法研究领域也具有一定影响。科研和学术成果在很大程度上反映了中国海事法律研究的深度和广度，代表着中国海事法律在国际海事法律领域的水平和地位。

4）智库交流

研究中心与法学院的资料室协同建设，共同积累和利用资源，为中心的发展奠定了坚实的文件资料基础。研究中心设有自己的海商法研究方面的专业网站，可提供海事、海商法规查询、典型案例介绍、专业论文发布等方面的网络服务。每年举办 2~4 次校内 IMO 国际公约研讨会或讲座，邀请校内外专家，尤其是国际海事组织聘请的技术专家及顾问为师生报告 IMO 的热点问题。建设和管理国际海事公约研究中心的资料室，力争使其成为国内最权威的有关海事方面的国际法信息资料中心。

4.9　复合学术型水路交通高端智库

复合学术型智库具有跨学科跨行业学术研究的综合实力、专家人才层次较高、国内外影响力较大、机构小而精的特点。比较有代表性的是南开大学经济与社会发展研究院、上海交通大学中国海洋装备工程科技发展战略研究院等。

4.9.1　南开大学经济与社会发展研究院

1）智库建设

南开大学经济与社会发展研究院（以下简称“经发院”）覆盖了经济、管理、社会、金融等学科，秉承"允公允能、日新月异"的校训，将多支文科优势力量集中到一起，开展跨学科研究，在培育新兴学科、服务社会的同时探索高校科研、教学、智库、行政管理的新体制。拥有区域经济学、产业经济学（交通经济）、物流（港口物流）与供应链管理等适应经济与社会发展需要的新兴应用与交叉学科。产业经济学、区域经济学、物流学、物流工程4个硕士学位授权点，与中国科学技术发展战略研究院联合建有应用经济学博士后工作站，另有应用经济学、管理科学与工程两个博士后流动站。

2）智库性质

经发院是文理工兼顾的复合型新型智库，成立于1998年，是南开大学顺应经济和社会发展对高等教育和大学智库的需求，积极谋求教育体制改革的重要成果。经过20年的快速发展，已建成国内领先的应用经济研究平台和新型智库，颇具影响力的人才培养基地，是南开大学科研、教学、管理体制机制创新的试验区及高水平国际学术交流窗口。

3）智库定位

经过20多年的改革探索，经发院学术研究形成了鲜明特色，一是全力孵化培育新兴学科，在学科发展上，不追大而全，但求小而精，形成独特竞争优势。现代物流、产业效率、区域产业分析与政策评估等国内领先的学科方向奠定了经发院独特的学科优势。二是追踪学术前沿，集中攻关具有南开特色的标志性成果。

4）智库成果

形成了一批国内外具有影响力的智库研究成果。《中国现代物流发展报告》（蓝皮书）以及英文版《中国现代物流发展报告》提升了中国物流发展的国际影响力。围绕经济和社会发展的热点问题发出南开声音，提高科研成果的社会转化能力。积极参与交通运输及港口经济研究，提出了有关评价标准、方法和参数。2014年6月以来深度参与京津冀协同发展的国家顶层设计，发挥国家智库功能，撰写的成果直接进入中央设立的京津冀协同发展专家咨询委员会综合报告，成为《京津冀协同发展规划纲要》的重要支持。多年来经发院人均科研成果产出率始终位居全校文科首位。近几年，全院在"Production and Operations Management""Omega""China Economic Review"等SCI、SSCI及《经济研究》《管理世界》等国内权威期刊发表论文30余篇，在CSSCI期刊上发表论文100多篇。

5）智库人才

经发院现有专职教授7人、副教授6人、讲师6人。秉承开放式创新发展的理念，积极获取外部智力资源，聘请了多位国内外知名专家、学者担任兼职教授和研究员。秉持质量立院、人才兴院、从严治院、特色办院的基本原则，继续探索培育新的学科增长点，增强学科竞争优势和科研竞争力，努力培养高素质的复合型人才，强化应用性学科的社会服务功能，不断汲取成长的力量。20多年来，从这里走出了一大批博士、硕士。科技成果转化与国际交流办公室先后开展了南开大学与香港理工大学合办的"国际航运与物流管理"硕士学位教育项目、南开大学与澳大利亚弗林德斯大学合办的“国际经贸关系”“医院管理”“教育领导与管理”硕士学位教育项目，并利用国际合作平台为学院与国外知名高校之间的学术交流与合作搭建桥梁。截至2015年底，各合作办学项目合计招生总数为4888人（已毕业学员3737人，目前在学1151人），学员遍布天津、北京、上海、南京、杭州、广州、昆明等大中城市，为我国国际经贸领域、医院管理领域及教育管理领域培养了大批急需的复合型人才。由于各项目均引进国外优质教育资源，系统的培训、严格的管理使得学员获益良多，毕业学员得到了用人单位的肯定。

6）智库机构

——现代物流研究中心。南开大学现代物流研究中心（以下简称“中心”）是南开大学与国家发展改革委共建的集教学科研、人才培养、咨询服务于一体的现代物流专业研究机构，是国家级物流产业决策机构，是天津市高校人文社科重点研究基地。中心成立于1999年，现有专职科研人员14人。其中，教授/博士生导师2人，副教授8人，讲师4人。研究领域包括物流产业与政策、区域物流规划、物流运作管理、物流系统优化、物流信息管理、供应链管理、交通运输经济与管理、交通运输规划等方面，形成了物流管理本科、物流学硕士、物流工程硕士、物流方向博士与博士后的多层次人才培养体系。

——中国城市与区域经济研究中心。南开大学中国城市与区域经济研究中心是经济与社会发展研究院下设的教学科研机构，是“985工程”区域经济国家哲学社会科学创新基地的重要组成部分，主要培养城市与区域经济、土地与房地产经济、区域创新发展等方面的高层次人才，为政府部门、研究机构和相关企业从事的管理、研究和经营活动提供决策参考、理论支持和咨询服务。经过多年的努力，南开大学中国城市与区域经济研究中心已经形成了比较完善的学科群体，涌现了一批突出的学术成果，建立了较合理的研究梯队和研究机制。中心现有专职教师5名，全部拥有博士学位。其中教授1名，副教授3名，讲师1名。除此之外，还形成了包括校内兼职研究人员和校外兼职研究人员在内的广泛而密切的学术交流网络。

——企业研究中心。南开大学企业研究中心面向改革开放实践中企业管理领域出现的新课题、新任务和热点问题、难点问题，发挥南开大学多学科和交叉学科的综合优势，以多层次合作网络与灵活合作机制为基础开展跨学科、跨领域的企业管理研究，培养高层次和跨专业型企业管理人才，并为企业提供管理决策建议和咨询服务。南开大学企业研究中心是致力为企业提供跨学科、跨专业咨询研究的学术服务机构，通过组织协调南开大学产业经济、区域经济、企业管理、战略、物流与供应链、财务、信息等多个学科的专家，积极引进国外的管理成果，通过开展应用性研究，关注中国企业改革与发展，积极向企业提供研究成果和管理技术，帮助企业实现管理现代化。

——产业经济研究所。南开大学产业经济研究所是国内较早进行产业经济学教学与研究、设立产业经济学硕士点和博士点的研究机构之一，目前该学科已形成了产业结构、产业组织理论与政策、政府规制、产业效率与产业发展、交通运输产业等主要研究方向、基础理论研究与产业应用研究并重的学科发展格局。研究所现有专职教师 6 名，全部拥有博士学位。其中，教授 5 名，副教授 1 名。除此之外，研究所还形成了包括校内兼职研究人员和校外兼职研究人员在内的广泛而密切的学术交流网络。

——**交通经济研究所。**南开大学交通经济研究所是国内综合性大学中最早设立的专门从事交通经济研究和教育的机构，1987 年由联合国交通运输署高级专家桑恒康先生创立。历经多年发展，交通经济研究已成为国内领先的交通经济专业人才培养机构和交通经济理论与政策的创新研发基地。交通经济研究所的主要研究领域包括区域交通与物流规划、交通运输产业分析与政策、投资项目经济评价和城市交通经济四大方向。交通经济研究所现有专职研究人员 8 名，均拥有博士学位。其中，教授 5 名，副教授 2 名，讲师 1 名。校内兼职研究人员 6 名，校外兼职研究人员 6 名。除上述人员外，交通经济研究所通过课题聘用制形式，形成了包括国内高校、港、台地区及美国、日本、欧洲、新加坡、韩国等国内外知名学者组成的联系紧密的人才库。

——**教育部南开大学教育与产业、区域发展研究中心。**南开大学教育与产业区域发展研究中心成立于 2011 年 4 月 15 日。中心由教育部与南开大学共同设立，并按照教育部人文社会科学重点研究基地标准建设，属于南开大学的实体性研究机构。中心的设立适应了我国教育事业的发展，遵循了教育发展必须超前于经济社会发展的需要，是为发展人民满意的教育而建立的国家教育规划与战略领域的重要咨询机构。中心由教育部教育规划与战略研究理事会统一领导，其下所设的研究中心执行机构主要依托于南开大学的经济学、政治学、社会学、教育学、数学等文理学科的综合优势，并吸收整合国内外相关智力资源，形成了一支跨学科、多领域，专兼职结合的研究团队，主要由三部分组成，包括专职研究人员、兼职研究人员和其他单位访问学者或交流研究人员。

——**南开大学中国区域政策研究中心**（中国区域经济应用实验室）。南开大学中国区域政策研究中心（中国区域经济应用实验室）以我国区域发展战略及政策实施过程中的重大经济问题与模拟评估为主攻方向，以引进国内外一流智力资源和多元化学科结合为基础，以多元化战略合作模式为支撑，以灵活高效的制度体制为保障，致力于为区域发展战略和区域发展政策提供国际化、前瞻性的理论指导与实践支持。主要功能是区域政策影响分析与决策咨询，基于信息系统支持的区域政策效果定量评估，区域政策理论研究与前沿发布。

——**南开大学海南研究中心。**南开大学海南研究中心依托南开大学国家 985 重点大学的科研优势，整合南开大学的文理科资源，与海南省形成持续性、战略性的合作机制，深化与海南省的合作，服务于海南省经济与社会发展，扩大南开大学在海南省的影响。中心定位于海南经济与社会发展的高端智库，联合海南省相关部门和研究机构，以海南省和南海发展中重大热点问题为导向，利用校内外、海内外相关智库的联动平台，进一步整合南开大学的文理科资源，形成持续性、战略性的合作机制，为海南省委、省政府提供全方位的智库支持。除省委、省政府外，同时为海南省各市县，海南相关政府职能部门提供全方位的智库支持。

7）智库交流

经发院产业效率研究团队，以国际化为依托，已成为国内科研产出实力强，深度参与国际学术合作的知名研究机构。现代物流研究中心不仅连续多年应邀在全球最大的物流年会——美国供应链管理协会（CSCMP）做专题报告，也是美国第三方物流报告全球战略伙伴，共同发布中美物流发展报告。积极拓展学术交流领域，构建国际化、开放式的学术交流平台。与美国伊利诺伊大学香槟分校 REAL 实验室合作构建中国区域经济应用实验室（China REAL），致力于以国际经验结合中国特色，建立集“设计、预测、模拟、评估”功能于一体的区域政策研究平台。

4.9.2 中国海洋装备工程科技发展战略研究院

1）智库性质

中国海洋装备工程科技发展战略研究院成立于 2015 年 6 月，是由中国工程院依托上海交通大学成立的我国海洋领域首个国家级战略研究机构。

2）智库宗旨

紧密围绕国家战略，以承担国家咨询任务、服务国家需求为出发点，充分发挥中国工程院卓越的智力资源、上海交通大学多学科综合优势，进一步提升中国海洋科技发展水平，推动中国海洋装备产业的发展。

3）智库建设

研究院建立健全“小实体、大联合”的运行机制，以院士为核心，以优秀中青年学者为支撑，汇聚全国海洋科技领域的院士和专家，以服务海洋强国战略为使命，坚持强强联合、开放共享的建设方针，开展高水平、前瞻性、综合性、持续性的战略咨询与研究，力求产生高水平、高质量、高层次的研究成果和咨询报告，为交通强国、海洋强国建设做出贡献。

4）智库专家

由中国工程院院长周济院士担任领导小组组长，中船重工第 702 研究所名誉所长吴有生院士担任学术委员会主任，上海交大常务副校长林忠钦院士担任院务委员会院长。其他专家有中国工程院院士沈闻孙，上海交通大学教授、中国工程院院士潘健生，上海交通大学教授盛焕烨，中船重工第 714 所原所长陈书海，惠生集团项目总监陈巍旻，中国大洋协会前秘书长、全国人大常委会《深海海底区域资源勘探开发法》立法工作领导小组顾问、教授级高工金建才，上海交通大学海洋研究院院长、美国地球物理学会（AGU）会员、美国自然科学基金评审专家、中国自然科学基金委员会重要和重大项目海外评审专家周朦，上海交通大学科技创业研究中心主任、教授、国际杂志《Asia Pacific Journal of Innovation and Entrepreneurship》编委李湛。

5）智库机构

研究院实行领导小组领导下的院长负责制，按照务实、灵活、高效的原则开展工作，下设战略研究室、基础信息室、国际合作部、综合办公室。

6）智库成果

主要研究成果有中国极地船舶发展策略与建议、我国利用海洋资源实现海水淡化的可行性研究、中国内河客船安全体系构建与实施建议、中国海洋装备的现状及科技水平分析、中国船舶工业实施智能制造对策与建议、造船行业用工制度的问题与对策等。

7）智库交流

研究院承办"海洋强国发展战略论坛"分论坛，召开海洋装备战略研讨会，召开中国极地船舶发展策略与建议研讨会，参加深海能源大会，参加中国国际海事会展，与湖北海洋工程装备研究院签署战略合作协议。开展《如何把科技精英与人文精英吸引到一起并转化为智库影响力？》《中国特色新型科技智库建设经验》《资政建言的写作经验谈》《远洋渔业的发展趋势及我国的应对》等启智沙龙。发布推动军民双向融合提升航海核心能力，船舶制造迈入智能新时代，大国工匠需要知识武装，跟踪能源革命重视海洋装备发展，新一轮科技革命背景下高校如何推进人才培养改革，改进科技创新评价体系，我国水面舰船研制水平和能力已经进入世界先进行列等专家视点建议。

第5章
水路交通高端智库建设的必要性

中国水路交通高端智库经过改革开放后的多年建设，积累了丰富经验，也遇到了许多亟待解决的问题，面对新形势需要加快转变既有的发展模式，建设具有水运特色，符合“21世纪海上丝路”和交通强国战略的高端智库。

5.1 中国水路交通高端智库的建设经验

5.1.1 积极做好决策咨询服务，决策影响力不断提升

交通运输部属科研院所围绕行业重点、热点、难点问题，加大力量投入，形成一系列重大研究成果，为政府决策提供了重要支撑。支撑部出台文件171个，完成行业经济运行与统计分析成果91项，制修订国家与行业标准规范66项，技术审查国家与行业标准规范584项。高等院校积极统筹智力资源优势，主动为部提供决策咨询服务，组织创办了《海事大学专家建议》等资政刊物，多项资政建议得到部领导批示。

5.1.2 精心组织项目研究，学术影响力再上水平

立足交通行业开展科技创新工作，服务交通的科研项目比例始终保持在70%以上，取得的重要科研成果均集中在交通主干学科领域。据不完全统计，交通运输部属科研院所2010年完成支持行业发展与政策决策典型成果53项，承担行业主要战略研究项目328项，主编或参编国家或地方行业标准规范226项，承担省部级及以上重点科研项目

775 项，获得省部级以上科技奖 212 项，发表学术论文 2588 篇。院校智库加强行业新型智库、交通国际组织高层次人才培养，在交通运输部有关司局的指导和支持下，加强航运软科学研究，不断提高为国家战略和交通运输事业发展提供服务的能力和水平，围绕交通强国、海洋强国战略，在海洋权益、海上通道安全、北极通航等方面，承担国家社科类基金重大重点项目 7 项，省部级以上社科研究项目 584 项，主动承担部政策及战略规划软课题 50 余项。

5.1.3 升级打造行业科研平台，社会影响力全面拓展

交通运输部属科研院所发布《绿色交通运输发展报告》《中国航运发展报告》《珠江水运发展报告》等有关报告数十部。院校以服务国家战略和“四个交通”建设重大科技创新需求为导向，积极推进协同创新工作。围绕水运经济、海洋工程装备技术、智慧交通、综合交通、船舶环保技术、海洋法治、海上丝绸之路通航安全保障等方向，推进“国家级—省部级—校级”三级协同创新中心体系建设，社会影响力不断上升。

5.1.4 建设高水平创新团队，提高智库影响力的核心要素

如大连海事大学建立科研创新团队培育机制，提高重点科研项目的组织能力，支持创新团队和优秀中青年科技人才开展基础性、前瞻性、系统性研究。围绕国家战略和“四个交通”建设科技创新重大需求，培育 15 个重点研究方向，确定了 68 个重点支持团队，着力在科研体制机制改革中取得先机，以适应国家科技体制改革大环境。目前，学校拥有教育部创新团队 1 个，交通运输行业创新团队 4 个，辽宁省创新团队 9 个，在促进交通科技进步、服务行业方面发挥了重要作用。在马航失联客机搜索、“东方之星”沉船救助及打捞、天津港爆炸等重大事件中，选派专家团队积极参与、主动发声，为交通运输部提供智力支持，充分履行为行业、为社会服务的职责。

5.1.5 加强合作交流，国际影响力不断深化

大连海事大学与国际组织、科研机构及高校签署合作协议 6 项，承担沃尔沃研究与教育基金会、世界银行、亚洲银行、全球环境基金、美国能源基金会等国际合作项目 23 项；承办大型国际学术会议 7 次，选派业务骨干参加各类国际学术交流 232 人次，国际交流合作层次及水平显著提高。武汉理工大学建立 5 个学科创新引智基地、4 个国际科技合作基地、16 个高水平国际合作研究平台。上海海事大学与境外 100 余所姐妹院校建立了校际交流与合作

关系，开展教师交流、合作办学、合作科研、学生交换等。与联合国国际海事组织、波罗的海国际航运公会、挪威船级社等国际知名航运组织和机构建立了密切联系。

5.2 中国水路交通高端智库面临的困难

水运行业智库建设刚刚起步，智库建设“跟不上”“不适应”的问题仍然比较突出。

5.2.1 缺乏顶层设计指导，行业智库资源未能充分利用

目前水运行业相关各党政部门、社科院、高校、科研院所和企业、社会团体等都不同程度地发挥着智库作用，各部属单位及部分地方交通科研机构均设立了开展决策支持研究的团队。但智库建设缺乏统筹规划，智库机构体系多元庞杂，管理体制属地化、部门化现象严重，智库机构之间缺乏有效整合和统一协调机构，存在研究领域趋同、业务优势不突出、发展目标和建设方向不明确等问题。政府运行缺乏完善的重大决策意见征集制度和购买决策咨询服务制度，政府决策与智库建议之间缺乏良性互动，同样导致智库设置重叠和职能定位模糊，各类研究机构各为其主、各自为战，多头组织、力量分散，目标不清、重点不明，研究重复、资源浪费现象突出。智库机构小而多，整体实力不强，智库作用发挥相当有限，优质智库资源未得到统筹和引导，团队建设和人才培养易产生走弯路、走错路的风险，不能满足行业多部门、多层次、多方面的决策需求。

5.2.2 缺乏持续性资金支持，项目保障不稳定

水路交通高端智库发展经费支持力度主要取决于主管部门、地方政府和港航企业对智库的重视程度，以及地方经济社会发展水平。如果项目研究是“十年树木”，智库团队建设一定是“百年树人”，政策研究方面的人才培养尤其如此。总体看来，水运行业支持智库发展的专项经费偏少，研究人员研究经费来自主管部门的资金较少，研究经费主要来源于课题立项经费和委托课题，决策支持研究多以各类计划项目方式实施。同时，社会捐赠渠道不畅，缺乏完善的课题招标系统，专家学者开展咨询研究的经济效益难以有效保证，影响研究的积极性、主动性和成果水平。而且团队构成具有临时性、短期性和不稳定性的特点，缺乏长期稳定的资金支持，相关团队难以持续跟踪和就某一方面问题开展深入研究，对于产生更多高质量、有影响力的资政成果缺少必要的保障。经费来源和使用与智库活动需要相脱节，科研经费管理体制僵化，科研经费报销困难。有的部门用对待行政经费的眼光来看待科研

经费，用管理行政经费的制度来管理科研经费，对科研人员复杂劳动和知识价值尤其是对创新性思想成果报酬估价过低，科研人员的知识积累价值不能得到充分回报，严重影响了科研人员的积极性和智库的健康发展。

5.2.3 交流机制不完善，参与国际活动障碍多

智库研究成果的交流展示和评价、转化体系的创新对于提升决策咨询质量和服务质量等至关重要。水运行业现有各类研究机构的研究成果向决策咨询、社会效益转化的渠道不够畅通，效率有待提高。对智库的信息支持比较薄弱，各领域各级政府共享的主要是面向操作业务和管理的信息，而面向研究和决策的信息则相对缺乏。大型专业数据库和联机检索系统的建设明显滞后，智库发展所需的信息共享机制尚未充分建立。部属单位之间的学术交流机制还不健全，研究资源缺乏有效整合，没有建立起覆盖全行业的理论研究和决策研究网络，研究机构各自为战，缺乏有效沟通和统一协调，已有的数据信息受部门行政化制约，相互封闭，难以做到互联互通和交流共享。由于现行社科理论研究成果甄别、评价、转化体制还不够完善，研究成果被借鉴、采纳率还不够高，进入决策层，受到部省决策部门领导批示、转发还十分有限，搭建科学的、多层次的智库成果交流、评价和转化平台势在必行。另外，举办或参会国际学术交流和出国学习访问的障碍较多、审批繁杂，对智库建设的国际化水平和影响力均有不同程度的影响，难以建立开放的全球视野和“知己知彼”的信息资源库，影响了智库团队的国际化水平和国际影响力。

5.2.4 人才机制不完善，人才队伍发展不平衡

尽管都比较重视创新型高层次人才队伍建设，并围绕解决行业重大问题建立了一批智库平台和专业科研团队。但由于缺少完善的人才汇集、培养机制，人才的“请进来”和“走出去”落实的不到位，体制内智库的人才引进、激励机制以行政职务为导向，不利于引进高素质智库从业人员，导致优秀人才储备不足，各类人才队伍发展不均衡，研究咨询人员的整体素质难以满足工作的需要。目前愿意参与咨询调研的专家学者来源较窄、层次不高，尤其缺乏国内外知名的高层次智库领袖人物和智库领军人才。研究人员的自身研究能力不强，无论是自主研究还是为咨询研究服务的水平都有待提高。人员素质不高直接导致智库研究成果质量不高。由于研究机构缺乏独立性，以及受资金、机制等方面的制约，许多研究人员对水运行业缺乏全面、系统的深入调研，加上信息沟通不畅，对行业发展的实时动态掌握不够，不少研究咨询成果带有滞后性，且实用性、前瞻性不足，与水运行业高速发展的现实不相契合。

缺乏水运智库与政府、社会的互动机制，有些政府部门对水运智库不够重视，没有形成智库与政府、企业、大学之间的双向人员流动机制、成果推广机制、研究经费筹措机制等。机构设置上不是按照现实问题设置而是按照科层制设置，存在研究与实际应用相脱节的问题，提出的政策建议往往经不住实践考验。并且研究方向不固定，研究时间不持续，研究项目过杂，难以形成长期持久地对某些重大问题的跟踪研究，难以培养出高水平的专家团队。

5.2.5 开门办智库程度有限，智库影响力不够高

目前，我国水运智库的开放程度和国际化水平都不高。缺乏具有国际影响力的人才，尚未提出对国际组织、国家高层有重大影响的战略观点。特别是缺少一批对国际海事组织、国际航运界具有广泛影响、为国家大政方针出谋划策的战略人才。缺少在全球范围内全面系统地吸收与水运有关的信息资料。缺少与国外知名智库合作研究和学术交流的经验。对于解决重大现实问题以及对水运业具有深远影响的高质量的重大研究成果偏少，在全球最有影响力的知名期刊上发表的战略类研究文章和论文非常少。

5.2.6 对政府依附性较强，智库成果质量不高

水运智库研究项目立项的公共决策民主化、科学化水平还比较低，导致在项目课题选择和研究过程中都缺少必要的独立性。我国研究机构在管理体制和运行机制上多数属于官方和半官方性质，一些研究机构本身就是水运行业党政部门的下属企事业单位，行政化色彩比较浓厚，这种政府和智库不分的情况，导致了智库对政府的高度依赖，并弱化了智库的主要功能。体制内智库受利益驱使的特点，决定了其工作主要表现为自觉或不自觉地宣传和阐释政府政策。很难平衡体制属性与政策研究独立性之间的关系，研究人员揣摩上意、“看脸色行事”倾向明显，对政府政策的研究缺乏公正性和客观性，有些时候扮演着政府政策的解读者、宣传者和诠释者的角色。官办智库“多而不强”，高校智库“曲高和寡”，民间智库“少而无力”，官方、高校和民间智库之间缺乏互补机制。各级行政部门研究室人员被局限于文件的起草，较少涉足对决策方案的科学论证和实施效果与社会影响的科学评估。党校行政学院和高校则以教学培训为主，智库专门机构和专职研究人员缺乏，在决策咨询方面发挥作用明显不够。体制内智库虽然已经开始积极转型，但“经院式”研究模式并未彻底改变，特别是在既往的科研考核和评价体系指挥下，研究人员大多缺乏智库意识和自觉，关注的是学术专著和论文，不愿结合理论基础，在深入实际调研的基础上写作高质量的研究报告和政策建议，特别是缺乏将科研成果转化为政策建议的能力，因此无法提供行业发展亟须的、具有前瞻性的“储备性政策”和及时的对策建议。

5.2.7 智库发展双轨制，体制外智库发展环境脆弱

体制外的智库主要指缺少政府资助，企业化比例较高，或者是企业和社会组织举办的智库及以软科学为主的研究机构。国家机关和政府直属的研究机构在政策、资金等研究资源方面具有明显优势，而体制外智库和研究机构的发展则受到很大掣肘。我国现有智库大部分为体制内由财政供养，过着衣食无忧的生活，政府为它们进行政策研究提供了良好的环境条件，基本上鲜有竞争和挑战。体制内的智库主要集中于政府政策咨询机构和科研院所等享受全额拨款的部门，而体制外的智库和名义上享受差额拨款的智库较少。我国智库发展的双轨制，已经严重影响了政策咨询质量的提高，并且影响到智库整体的均衡发展。

5.2.8 社会认知程度低，智库话语权不高

首先，对智库的定位和作用的认识仍未上升到提高决策的科学化、民主化、制度化、法制化水平。突出表现在：智库建设在交通行业建设中的地位和作用没有得到清晰明确的界定；参与决策咨询缺乏制度性安排，智库建设缺乏整体规划，资源配置不足，组织形式和管理方式亟待创新；缺乏支持智库建设的健全的治理结构及组织章程和把握正确方向、又有利于激发智库活力的管理体制；缺乏决策部门对智库咨询意见的回应和反馈机制；没有形成全行业统一的专家资讯库与咨询专家机制。已有的智库机构定位模糊、影响较小，处于“机构内作业”“行业内循环”的尴尬境地，专家学者的咨询作用发挥不够。

其次，与国外政府与社会对智库成果接受程度较高相比，我国水路交通高端智库的研究取向与社会需求一直存在差距，社会上缺少尊重知识产权和智力成果的观念，对于有偿服务很不习惯，因而智库的研究成果往往得不到政府与社会应有资助。因此迫切需要建立智力劳动成果价值补偿的市场机制，发挥市场对于智库资源配置的决定作用。

第三，与国外智库高度重视其自身的影响力相比，我国智库对自身的推广宣传水平明显较低。为了提高社会认知度，国外智库往往设有专门的公关部推广智库产品，不仅通过出版专题文章、著作、期刊、内部报告、电子出版物等来发布各种政策信息和政策建议，而且还构建影响政府决策的人际传播网络，搭建知识与权力之间的桥梁。然而，水运行业智库大多是体制内智库，智库人员往往习惯于行业学术圈内的交流，不能积极主动地向社会公众进行宣传、介绍和倡议，更缺乏通过理论产品引导社会公众认识的理念，因此难以实现智库舆论引导和社会服务的功能，无法成为民众的“思想罗盘”。更有甚者，有些学者在公众舆论中雷人雷语，更是大大损害了水运行业智库的公信力。长期以来，行业智库主要关注国内问题，对全球性和国际性问题的关注度相对不够，这就导致水运行业智库在国际上的知名度不高，话语权缺失。

5.3 水路交通高端智库建设的必要性

5.3.1 有利于提高我国水运行业发展的软实力

党的十八届三中全会通过的《中共中央关于全面深化改革若干重大问题的决定》指出，加强中国特色新型智库建设，建立健全决策咨询制度。习近平总书记对智库建设多次做出重要批示，指出智库是国家软实力的重要组成部分，要高度重视、积极探索中国特色新型智库的组织形式和管理方式。李克强总理指出，要审视国际大势，用创新型思维强化前瞻研究，提供更多有影响、有价值的思想产品，打造有中国特色、高水平的新型智库和国际交流合作平台。中共中央、国务院《关于加强中国特色新型智库建设的意见》，同样指出中国特色新型智库是国家软实力的重要组成部分。

交通运输部高度重视智库工作，重视发挥智库和第三方评估机构在决策咨询和项目评估中的作用，各类研究机构、党校行政学院、高校和企业以及民间机构的智库意识也前所未有地增强，智库机构增长较快，各方面专家积极建言献策，在出思想、出成果、出人才方面取得较大成绩，为交通运输部门决策提供了有力的智力支持。2018 年 3 月《交通运输部关于促进交通运输新型智库发展的实施意见》正式发布，认为促进交通运输新型智库发展是促进交通运输部门决策科学化、民主化、法治化的重要举措，是推进行业治理体系和治理能力现代化的有力支撑，是提升行业软实力和话语权的迫切需要，也是建设交通强国的重要智力支持。

建设水路交通高端智库是时代赋予的使命。当前我国发展的内外环境正在发生深刻变化。从全球看，国际政治经济格局和力量对比深刻调整，大国崛起和强国纵横，经济全球化和政治多极化在曲折中发展，全球治理体系面临新改革。从国内看，经济新常态已然显现，经济发展处于增速换挡、结构调整的叠加期，全面深化改革处于攻坚阶段，社会建设处于深层次矛盾凸显期。这些新变化孕育着机会，也带来了挑战，对决策的全局性、战略性、前瞻性提出了更高更新的要求，迫切需要在提高国家软实力方面下大功夫。水路交通高端智库是国家港航业健康发展软实力的重要载体，越来越成为国际港航竞争力的重要因素，在对外事务中发挥着不可替代的作用。在国际航运界、国际海事组织发出中国声音，不断增强国际影响力和国际话语权，迫切需要发挥水路交通高端智库的重要支持。

5.3.2 有利于提升我国水运的战略谋划实施能力

智库因其强大的决策影响力而被称为政府的“第四部门”或“第五种权力”。水路交通高端智库在我国水运行业发展中同样产生了战略谋划和实施的重要作用。加快水路交通高端智库建设可以大幅提升我国水运发展的战略谋划能力和实施能力，让水路交通高端智库工作者敏锐跟踪国际国内水运发展动向，准确判断发展形势，有效破解发展难题，及时提出应对良策，深化水运改革发展的“顶层设计”，从而加快港口转型升级和提供航运业国际竞争力，为区域港口一体化和港口资源整合做好智力服务。

5.3.3 有利于改善我国水运发展决策体系

伴随着我国经济社会的深入发展，利益格局复杂化、信息来源便利化、价值判断多元化，影响决策的因素越来越多，决策的难度和风险不断加大，决策失误的问责机制的作用愈加显现。主要依靠个人或少数几个人的智慧、经验和知识的传统决策模式，已经不能适应现代决策的需要。加快推进决策的科学化、民主化，已经成为我国民主政治建设的重要任务。水路交通高端智库的使命和价值集中体现在向中央、向交通运输部及其他部门提供可靠实用的政策建议、决策参考，发挥降低决策风险的“外脑”作用。同时，随着公众参与决策的愿望越来越高，作为一头连着决策者、一头连着社会民众的桥梁，水路交通高端智库是实现上情下达、下情上达的重要通道，发挥着将决策意图传导给社会、将民意导入决策者的“传送带”作用。

5.3.4 有利于促进我国水运治理体系现代化

智库日益成为国家治理体系中不可或缺的组成部分。经过多年的改革发展，水运行业管理已基本适应社会主义市场经济体制要求，但距离治理体系和治理能力现代化还有不小的差距。为了更好地服务“两个一百年”奋斗目标，加快推进“三大战略”和“四个交通”建设，在重要交通运输领域和关键环节改革上取得决定性成果，在推动我国全球水运治理体系变革中发挥重要作用，进一步从政府、市场、社会三个维度破除水运发展体制机制障碍。因此，完善水运现代治理体系，不断提升水运现代治理能力和水平，必须切实加强水路交通高端智库建设。

第6章

水路交通高端智库建设的条件和需求分析

| 6.1　水路交通高端智库的建设条件 |

6.1.1　国家对于新型智库建设基本标准的要求

中共中央办公厅和国务院办公厅《关于加强中国特色新型智库建设的意见》提出了智库应具备的基本标准:①是遵守国家法律法规、相对稳定、运作规范的实体性研究机构;②有特色鲜明、长期关注的决策咨询研究领域及其研究成果;③具有一定影响的专业代表性人物和专职研究人员;④有保障、可持续的资金来源;⑤多层次的学术交流平台和成果转化渠道;⑥有功能完备的信息采集分析系统;⑦有健全的治理结构及组织章程;⑧有开展国际合作交流的良好条件等。

6.1.2　水路交通高端智库应具备的条件

根据国家对于新型智库建设基本标准的要求,要成为合格的水路交通高端智库应满足以下条件:

1)实体机构

水路交通高端智库必须是合法、稳定、规范的实体性研究机构,具有健全的法人或者非法人治理结构,具有完善的组织机构,具有战略眼光并着眼于长远的和宏观的分析,善于提出具有前瞻性的战略建议。应当弥补政府决策部门的不足,善于提出改革的总体思路和框架性建议。对于水运行业的长远发展战略以及行业制度演进的顶层设计,具有独到的作用。

2）特色鲜明

水路交通高端智库除了必须是合法、稳定、规范的实体性研究机构外，还必须具有鲜明的专业特色和丰硕的决策咨询成果积累。纵观国内外的智库发展经验，所有成功的智库几乎都有各自鲜明的专业特色。这些特色包括研究专长、影响领域、价值倾向、合作伙伴和依靠对象等。作为水路交通高端智库，应当在行业发展战略和行业政策领域具备其他机构所没有的特点和优势。

3）影响力大

首先，一个有成功影响力的智库，其核心资源是人才。水路交通高端智库的影响力要靠人才形成，因此智库人才不在人数而在质量，既要有领导型人才，还要有专家型人才，要有专业代表性人物和专职研究人员。新型智库并不一定要网罗所有的人才，也不可能网络所有人才，但是应当秉持开放的思维和创造开放的环境，吸引各类专家人才“为我所用”。其次，需要不断创新人才成长和使用机制，不断加大教育和培训力度，不拘一格发现人才和使用人才，加快提高智库人才在行业内外的影响力和知名度。最后，水路交通高端智库要有健全的治理制度及组织章程，不断完善激励机制、用人机制，保障创新型人才的培育、成长和脱颖而出。

4）资金保障

科研院所的资金来源一般是多元化的，既有来自交通运输部的，也有来自地方行业主管部门的，还有来自企业的，多元化的资金来源有助于其实现思想独立的目标。不过，通常来讲，科研都是以项目为单位来开展的，科研经费专款专用决定了每一次研究都需站在客户的角度解决其问题，这似乎又制约了其研究的独立性。当然，在为政府和企业服务的过程中，智库所提出的政策应当是个中立性的观点，否则在应对不同利益相关者时就会出现前后逻辑不一致的自相矛盾，从而削弱智库的公信力和社会认可度。国外著名智库的资金来源的很大一部分是公众的捐赠，并在捐赠的时候明确表达资金并不为其提供具有倾向性的服务。水路交通高端智库当前还不具备获得大量捐赠的外部环境。随着经济社会的逐步发展和公民意识的逐步增强，人们表达诉求的意愿也会逐步增强，社会对中立性观点也会逐步认可，对独立性智库的需求也会不断提升，进而形成更加多元化的智库资金来源。事实上，对某些捐款人而言，得到一个独立观点，比得到他们自己所喜欢的观点更有价值。因此，智库应当逐步致力于吸引这部分人的捐款。

5）思想交流

水路交通高端智库应该拥有多层的学术交流平台和成果转化渠道，并且具有良好的国内外交流合作机制。智库是知识、智慧和思想的一个集散场所和交流平台，最重要的是要产生出符合社会发展趋势的新思想、新观点、新理论和新知识。思想和观点是智库的第一要素，如果没有独立的思想和观点，或者其提出的思想和理论没有在社会中产生广泛影响，即使规模最大、经费最多、名流最集中，也不可能成为一流的智库。思想和观点不进行交流、不转化为政策决策，就只能永远停留在空想；同时，一种成熟的思想观点不能仅限于国内，还要进行广泛的国际交流，进而影响世界，为人类的共同发展做出贡献。尽管事实上任何思想库都难免受到某种利益和价值的影响，但一个合格的智库必须对社会发展担负起公共责任，智库的主要成员应当对社会进步具有强烈的责任意识，致力于改变和指导政府的决策，致力于引领科学、文化、思想前进方向和潮流，而不应成为某个政府决策和官僚意志的诠释和论证。作为水路交通高端智库，一定要在水运战略、水运标准、水运政策等领域广泛交流宣传自己的思想、观点和研究成果，独立的权威性的发出自己的声音，并且积极为国际交流创造良好条件，让中国水路交通高端智库的思想观点走向世界。

6）信息网络

与一般的学术机构不同，水路交通高端智库的思想和观点，不是凭空出现的，必须要有大量调查研究和信息资料支撑，而且这些思想和观点产生后要努力去影响社会。这就需要建立完善信息采集和分析系统，并借助网络和媒介影响社会。成功的智库通常要拥有多元而通畅的合作网络，这个网络应当包括政府决策机构、学术研究部门、大众传播媒体（包括互联网）和民间组织。智库的社会影响力在很大程度上取决于其网络是否足够强大和通畅。

6.2 水路交通高端智库的需求分析

6.2.1 需要智库主动开展水运重大现实问题研究

国外智库通常主动为政府提供专业具体的政策方案。每逢重大政策决断，通常先由智库提出独立政策建议，然后媒体讨论、国会听证，最后政府采纳，继而确认为政策或法规。尤其是在新一届政府就任前后，竭力对新政权施加影响，有的还为总统拟制竞选纲领和施政方针。如奥巴马政府推行的“巧实力”外交政策就来源于美国战略与国际问题研究中心的政策规划；2009 年奥巴马访华前夕，布鲁金斯学会与中方智库在北京举办“中国战略与管理研究会”高层论坛；中美两国元首会晤时达成的有关合作协会，很大程度上源于政策论坛提交的政策建议。水路交通高端智库同样需要主动为政府提供专业具体的政策方案，如京冀港口协同发展行动方案、区域港口一体化发展方案、港口资源整合方案、港口岸线使用管理办法、水运行业重大发展战略规划研究、水运行业新兴增长点研究、《海商法》《港口法》修订研究等。

6.2.2 需要智库主动提出影响水运发展的公共政策

国外智库是一种相对稳定的独立于政治体制之外的政策研究机构，是政策制定过程中一个重要的参与者，已经成为影响政策决策和推动社会发展的一支重要力量。智库组织本身就是为了影响公共政策而存在的，智库各种行为的核心目标是影响公共决策，从而体现其自身的社会价值。所以，智库进行的一切研究活动都是以试图影响公共政策作为起点和归宿的。世界著名智库兰德公司，年终总结时有三个思考点：第一，研究成果是否已经接近和达到政策议程？第二，是否为决策者知晓，并由此提高了政策讨论的水平？第三，研究成果是否带来了政策内容与实践的显著变化？因此，水路交通高端智库的建设需要以影响水运发展政策为目标，所进行的一切研究活动均应以水运发展政策为起点和归宿，要以服务水运决策为宗旨，以水运政策研究咨询为主攻方向，紧密围绕现代综合交通运输体系建设和水运供给侧结构性改革，大力开展前瞻性、针对性、储备性政策研究，需要努力让研究成果从“文章”变成“文件”、以“谋划”影响“规划”、使“对策”融入“决策”，多建睿智之言，多献务实之策，充分发挥好决策咨询作用，成为水运行业决策的“最强大脑”，才能在政府、企业、社会面前提高智库公信力。在“一带一路”、交通强国等国家重大战略和行业发展决策等各方面，推动我国企业“走出去”参加国际水运建设和竞争，都需要水路交通高端智库提出有影响力的政策建议。

6.2.3 需要智库主动参与舆情宣传和公众教育

国外智库通过举行各种公开的会议为社会公众与专家、政府官员之间构建一个面对面沟通的平台，潜在地培养了公众的政治参与热情和对社会公共政策的了解。另外，国外智库还通过在媒体上发表见解、文章，解读国内、国际问题和公共政策，客观上承担了舆论领袖引导、影响舆论和支持国家公众政治社会化的功能。针对重大突发性事件迅速做出反应，提出相关政策建议。水运业关系国计民生，水路交通高端智库既要积极引导“官方舆论场”，又要适时疏导“民间舆论场”，需要通过智库专家阐释水运战略、解读水运政策、剖析水运热点，发出水运声音、研判社会舆情、疏导公众情绪，向社会传播主流思想价值。按照研究无禁区、宣传有纪律的要求，树立风险意识，主动加强研讨会、报告会、论坛等研究平台和出版物、微博、微信等宣传载体的管理，营造良好舆论氛围和社会环境。近几年水运突发事件比较多，如 8·12 天津港爆炸事件、6·1 东方之星沉船事故，都需要水路交通高端智库及时反应、主动发声，在战略层面和操作层面大胆提出政策建议和观点主张。

6.2.4 需要智库主动探索水运发展的创新方法和手段

智库是行业决策和产业发展理论创新的主体力量，发时代先声，发创新强音，才能彰显出智库的原创性、前沿性。从当前世界各国智库研究领域来看，都把研究重点集中于国内外热点、难点问题，研究成果具有鲜明的国家立场和政治价值取向。水路交通高端智库作为行业性智库群体，其生命力深深根植于水运发展实践，必须坚持以研究解决交通运输重大理论和现实问题为导向。由于现实问题及其发生的环境千变万化，其合理的解决问题的方式方法就不可能固定不变，需要智库突出问题导向，大胆探索新理论、新方法、新路径，为水运事业的发展出思想、出成果、出经验、出人才。

另一方面，随着决策部门需求的日益增加，对智库决策服务要求也日益提高，同样促使智库不断采用新方法、新思想。如美国兰德公司成立以来发展和完善了一系列新的研究方法和预测技术，像德尔菲法、线性和非线性规划、成本效用分析等，还建立了一整套称之为"兰德式理性程序"的思考方式，并发展出一系列可操作的结构化、程序化的研究分析工具和方法，已成为美国联邦政府广泛用于军事预算和联邦政府预算的编制程序。因此，水路交通高端智库除了能够熟练使用已有的研究方法、研究工具之外，还应该不断改进研究方法甚至形成自己独有的研究方法，以不断提高研究质量、满足政府与社会不断提高的要求。

6.2.5　需要智库主动为社会管理储备人才

"旋转门"机制是国外智库最具特色的现象，其产生和运转根植于西方政治体制。国外政府卸任的官员很多会到智库从事政策研究，从官员变为学者；而智库的研究者有很多到政府或企业担任要职，从研究者变为官员或企业高管。这种学者和官员、企业高管之间的流通就是"旋转门"。美国智库的"旋转门"使得知识与权力得到了最有效的结合，不但使得美国政治保持了活力和有效性，而且也使得智库成为为政府培养和储备人才的港湾。从长远来看，这种机制使得智库的影响力直接渗入到国家政治决策和企业管理决策的核心，成为决策过程必不可少的一部分。从目前我国水路交通高端智库发展情况看，以政府官员向智库"转门"为主，智库研究人员向政府"转门"的比较少见。然而，随着我国水路交通高端智库的发展和行政管理机制的改革，双向"旋转门"的需求大有希望，届时水路交通高端智库对于政府和社会储备人才的作用会逐步发挥出来。

6.2.6　需要智库主动提供水运发展所需的智库产品和成果

智库研究成果和创新产品是提高政府决策水平和行业发展质量的重要资源。但是这些资源并不会被决策者主动采纳，必须通过宣传、说服、公关等各种手段，让使用者认识和了解，以致达到欣然接受。因此，国外智库都十分重视产品宣传和成果推广，通过广泛传播加强智库与学术界、新闻界、实业界以及官方联系，从而扩大智库的社会影响，提升智库的声誉。智库进行产品宣传和成果推广的形式有多种，例如布鲁金斯学会除了向决策者提供产品外，还通过国会听证会、政策评述、媒体采访、报纸社论、书籍、国际会议、互联网等方式将研究成果公布于众，定期出版《布鲁金斯评论》《宏观经济》《微观经济》等刊物。此外，布鲁金斯学会还组织一系列广泛的教育项目，以增进公众对有争议问题的理解，从而形成良好的互动机制。在我国，水运行业高质量发展，需要水路交通高端智库不断推出多种形式的智库产品，通过网络、媒体、报刊、论坛、讲座、会议等平台广泛宣传交流研究成果、阐述自己的观点，努力推动智库成果的使用和转化。

第7章
水路交通高端智库建设的原则和目标

当前，我国水运发展面临着世界经济增长低迷、国际经贸摩擦加剧、国内经济下行压力、新冠疫情等诸多不利因素影响，加强水路交通高端智库建设，是应对宏观形势，破解全面深化交通运输改革难题，提高水运决策咨询战略性、前瞻性和科学性的重要依托，是“交通强国”建设的重要内容，是推进水运治理体系与治理能力现代化的迫切要求。

近年来，我国水路交通高端智库发展很快，为推动国家战略、全面深化交通运输改革和“四个交通”建设做出了重要贡献。同时，水路交通高端智库建设尚处于发展阶段，还存在行业智库资源缺乏统筹、组织形式和管理体制亟待创新、高端智库和领军人才紧缺、激励机制有待完善、研究与决策脱节等问题。解决这些问题，必须从服务国家战略和交通运输发展全局的高度，把水路交通高端智库建设作为一项重大而紧迫的任务，加快高质量思想的形成，为水运事业发展注入强大动力。

7.1 水路交通高端智库建设的指导思想和原则

7.1.1 水路交通高端智库建设的指导思想

深入贯彻党的十八大以来关于加强中国特色新型智库建设的意见和治国理政新理念新思想新战略，以诚信、独立、非营利的依法民主决策服务为宗旨，以水运政策研究和思想观念创新为主攻方向，以完善组织结构和管理方式为重点，以建立高水平的专家团队、人才激励机制、项目管理和研究成果推广机制为基础，以提高影响力和创新力为动力，以广开研究经费和项目来源为保障，努力建设面向水运行业转型升级和海事国际化发展，面向区域经济互联互通的行业权威、国际一流的水路交通高端智库，更好地服务交通强国建设和国家“两个一百年”的目标，为实现中华民族伟大复兴的中国梦提供强有力的智力支撑。

7.1.2 水路交通高端智库建设的原则

1）坚持依法独立研究的原则

坚持党的领导，坚持中国特色社会主义方向，遵守国家和行业法律法规，始终以维护国家利益和建设人民满意交通为根本出发点，立足水运行业发展的实际情况，充分发挥研究人员创新精神和独立研究能力，多出具有影响力的精品力作，体现新时代的水运特色。

2）坚持公共政策服务的原则

紧紧围绕政府、企业和社会决策急需的重大课题和重大任务，开展前瞻性、应急性、储备性、适用性水运公共政策研究和战略研究，提出专业性、有价值和采纳率较高的政策建议，逐步提高水运发展综合研判能力和战略谋划能力。

3）坚持开放创新健康的原则

立足新形势下水运事业改革发展的要求，强化求真务实、问题导向，创造有利于思想活跃、交流互动、健康向上的研究环境，建立完善创新激励机制，促进积极建言献策，提倡各种学术观点和政策主张切磋争鸣、平等讨论。

4）坚持公益特色发展的原则

按照公益性和非营利机构的要求，积极推进水路交通高端智库的公益性改革和加大社会对非营利性智库的支持力度，明确功能定位，突出优势和特色，服务政府，造福社会，加快水路交通高端智库的形成和发展。

7.2 水路交通高端智库的定位和发展目标

7.2.1 水路交通高端智库的功能

水路交通高端智库作为交通运输智库的组成部分，总体上仍属于全国智库的专业型智库，侧重于为水运行业服务，应发挥相对独立的政策研究、理论创新、资政建言、公共服务、舆论引导、国际视野等作用。

1）理论创新

始终把理论创新、方法创新、模式创新作为水路交通高端智库发展的生命力所在，以创新的思路开展水路运输战略和理论研究，用创新的视角观察水路运输的重点、难点、热点问题。当前我国水运业发展存在诸多困难问题，运输结构不合理，局部地区和有些货类存在能力过剩，居民出行的快捷性、舒适性、安全性还有待进一步提高，东西部发展不平衡，能耗高、污染重、成本高的问题仍然存在，各种运输方式分工不尽合理，市场竞争不规范，政企政事不分等问题仍然突出。要解决上述问题，不能再沿用老规矩、老办法、老理论，需要提出新思路、新方法，必须对于现实问题展开深入的理论与实证研究，注重从多个角度、多个学科方向展开理论研究，探索水运发展的新规律。

2）资政建言

水路交通高端智库只有积极参与政府决策和公共政策的制定，协调处理公共关系和社会利益矛盾，才能充分体现其社会价值。从水运业发展来看，随着经济生活的多元化和经济全球一体化趋势的加深，水运加快与其他运输方式和物流系统的融合，并加快与国民经济各个行业融合的呼声越来越高，水运与居民生活的关系越来越紧密，逐渐演化成为庞大而复杂的系统，对国民经济影响重大。在这个系统中，众多利益主体有着各自不同诉求，存在着大量信息不对称现象，企业竞争日趋激烈，行业寻求新的增长点，这一切迫切需要一些分析问题解决问题能力强的行业智库能够独立性、创造性、前瞻性、及时性、准确性地提出行业发展战略、发展方向、发展目标等建议，服务于政府决策。

决策咨询制度是我国民主政治建设的重要内容。交通运输部等行业相关政府管理部门历来重视决策咨询工作，问计于专家、问计于智库的情形呈经常化、制度化趋势，水路交通高端智库应当能够为政府、企业、社会决策提供了有力的智力支持。当前，伴随着经济社会发展进入新常态，一方面经济社会发展和全面深化改革面临的矛盾和挑战日益复杂，交通运输行业管理决策面临的形势更加纷繁复杂，另一方面随着改革的全面深入、利益格局的调整和社会结构的变化，影响经济社会稳定的新旧矛盾并存叠加，突发事件频繁、风险点日益增多。以上两个方面叠加在一起，对于决策的全局性、前瞻性、及时性、战略性、综合性和长期性问题提出了更高要求，迫切需要加强水运行业智库建设，以此为决策者提供更多的智力支持和有效的政策建议，努力健全行业决策支撑体系，推进科学决策、民主决策、依法决策。

3）公共服务

水路交通高端智库一方面要做好政府服务，另一方面要做好社会公共服务。中国特色新型智库在“建设具有强大凝聚力和引领力的社会主义意识形态，使全体人民在理想信念、价值理念、道德观念上紧紧团结在一起”过程中担负着重要使命与责任。因此，智库既要为党和政府科学决策、民主决策服务，又要为社会公众服务，担当起解读阐释政策、引导社会舆论等职责[1]。水路交通高端智库要以服务行业公共政策为主线，把服务决策和服务社会公众结合起来，在行业决策机构和政策受众之间搭建桥梁，成为决策方案优化、决策质量提升、政

[1] 刘西忠.《光明日报》[N]，2017-11-09（15）.

策举措落地的重要推动力量。充分发挥智库“顶天立地”作用，所谓“顶天”就是着眼于国家和行业发展大局，上连天线，为行业重大战略政策的制定做好政策咨询工作；所谓“立地”，就是立足职责定位、立足所服务的群众和企业，下接地气，做好为地方为基层服务工作。做到“看问题入木三分，提建议点石成金”，水路交通高端智库学者必须在提高理论水平的同时，把基层的功课做足做透。从研究领域来看，要在不断拓宽研究内容的基础上，更多地针对行业特定领域内的某一些专门性问题展开研究，尤其是集中力量助攻一两个重点领域，对一些重大问题进行长期跟踪，连续发表论文，出版相关出版物，在该领域形成了品牌影响力，才能更好地做好公共服务。拉长水路交通高端智库产品链条，强化新型智库运用媒体的意识，形成与公共政策链条相对应的服务体系。水路交通高端智库的发展关键是要“做精”，形成自己的特色，而不是简单地搞“大而全”，靠规模取胜。完善智库成果评估评价体系，强化水运高端智库学者的社会责任和时代担当。

4）舆论引导

随着利益主体的多元化，统筹兼顾各方利益的难度越来越大，一方面决策面临的各种利益冲突问题越来越多，另一方面，随着互联网时代发展，社会舆论环境更加复杂多变，舆论影响决策逐步显现。以上两方面进一步叠加，对决策的针对性、透明性、公开性提出了更高的要求。应对上述错综复杂多变的形势，需要水路交通高端智库加强研究社会舆情、拓展公众影响力、传播行业主流价值、凝聚社会共识、集聚社会正能量。智库的专家身份相对超脱和易于为公众接受的特点，决定了智库专家适合成为民意引导者。智库专家还可以推动智库成果的转化，更好地宣传政府政策主张，帮助政府掌控话语权，进而疏导公众情绪，引导社会舆论。通过开放网站、出版印发期刊、参与访谈节目等，向社会公众传播对水运发展形势的认识，正确看待出现的新问题，激发民众对水运事业的热情，提高公众的水运安全知识素养，了解如何学习面对突发事件，能够更有效地保证自己和他人的安全。同时水路交通高端智库通过面向社会精英集中开展培训进修和专题研讨，认识国内外航运发展形势、水运专业新知识、水运管理新内容、行业改革新方向，提升水运业治理水平和治理能力。

5）国际视野

随着世界政治格局的不断变化、全球治理体系的完善和信息技术的飞速发展，公共外交的行动主体已从政府拓展为以政府为主导，以智库、利益集团、媒体和普通公众等为主的多元行动主体。这些多元化的行动主体共同构成了当今活跃在世界外交舞台的“多轨”公共外交体系，水路交通高端智库可以在公共外交领域发挥独特作用[1]。水路交通高端智库要有国际视野和战略眼光，业务领域和合作范围已不再局限于国内市场，“走出去、引进来”战略逐步成为新型智库发展的新定位。水路交通高端智库应逐步成为学术交流和外交对话的新

[1] 大连海事大学．我国交通运输行业新型智库建设研究 [R].2017（8）.

平台，在交流中互鉴，在学习中成长。积极推动举办大型智库论坛，邀请国内外智库和专家学者参加，探讨国际水运领域的最新发展，吸引国外关注中国水运事业的发展。随着影响力不断增强，水路交通高端智库将逐步成为公共外交的重要参与者。以水运为突破口，协调双边或多边关系提供沟通交流平台，针对重大国际性问题展开协商合作，为政府外交“打前站”具有重要意义。

7.2.2 水路交通高端智库的定位

充分发挥人才和技术优势，为政府决策和行业发展提供智力支撑。一是立足于水路交通高端智库的核心资源和优势领域，开展前瞻性战略性创新研究，服务交通强国战略，为政府、企业和社会提供独立有特色的战略政策建议；二是接受政府机构、行业企业和社会组织的专项研究委托和购买服务，提供专业性咨询服务；三是为社会提供公益性的水运发展信息服务，促进社会对水上交通发展的认知和支持；四是水运行业公共政策和战略问题研究的国内权威和国际交流平台，积极引导舆情舆论。

7.2.3 水路交通高端智库的发展目标

到 2025 年，以国家战略和交通强国为引领，整合水运行业智库资源，加强行业科研机构、社会组织、行业企业、地方交通运输研究机构等智库协调发展，基本建成定位明确、公益性强、治理科学、运行规范、运作开放、充满活力、影响力大、专业特色鲜明的水路交通高端智库，造就一支坚持正确方向、德才兼备、富有战略思维和创新精神的智库人才队伍，建立一套科学可行、务实管用的智库管理体制和运行机制，形成较强的政策研究、理论创新、资政建言、公共服务、舆论引导、国际视野的智库功能，健全大数据信息丰富、经费来源稳定、业务网点完备的智库服务体系，发布一批有力支撑行业发展和社会影响力大的智库成果。

——形成由水路运输、港口、航运服务、水运经济、安全应急、环保节能、现代物流、智能航运、国际履约等重点领域的政策、战略、规则、管理研究和即时行业热点分析与信息服务组成的专业特色鲜明、研究基础扎实的重点研究方向，逐步提高在国内外的影响力和话语权。

——形成各研究领域和研究方向特点鲜明、结构合理和国内外知名度较高的专家团队和研究团队。

——形成条件完备的水运知识库系统和与之配套的信息采集系统、量化分析系统，成为决策支持平台。

——形成具有特色的水运行业决策支持产品系列，国内外业界有较大影响力的研究交流平台、成果和信息发布平台、智库研究与成果转化服务网络。

第8章
水路交通高端智库建设任务和制度设计

水路交通高端智库建设，从构建体系看，包括建设模式、建设任务、管理制度等三个方面。水路交通高端智库建设，从智库层次看，包括行业智库建设、智库联盟建设和智库内部建设等三个层次。

8.1 水路交通高端智库建设的主要任务

8.1.1 水路交通高端智库建设模式选择

习近平总书记指出，要统筹推进党政部门、社科院、党校行政学院、高校、军队、科技和企业、社会智库协调发展，形成定位明晰、特色鲜明、规模适度、布局合理的中国特色新型智库体系。水路交通高端智库是以水运战略问题和公共政策为主要研究对象、以服务交通运输部及相关部委、水运行业及社会组织的科学民主依法决策为宗旨的研究咨询机构。水路交通高端智库建设要以“国际水路交通高端智库联盟”为平台，以交通运输部有关司局为指导，以行业科研机构、社会组织、行业企业、地方交通及水运研究机构为主体，以水运系统内外高端智库为合作，以企业和社会智库为有益补充，不断完善组织形式和管理方式，深化改革创新和协同发展，努力构建形成具有中国水运特色的行业高端智库。

按照水路交通高端智库分类标准，水路交通高端智库建设可以划分为8种模式，即综合研究型、战略型、策略型、政策型、专业特色型、专业研究型、专业学术型。每个智库可以根据自身特点和发展需求选择确定合适的智库建设模式。

8.1.2 培育具有国际影响力的水路交通高端智库品牌

高端智库品牌是衡量智库建设质量的一个重要标尺，是竞争实力的突出表现。宾夕法尼亚大学的历届《全球智库报告》显示，我国智库数量位居世界第二或者第三，是名副其实的世界智库大国，但是具有国际影响的中国交通运输智库所占份额很小。在中国智库最具影响力的前十智库中，也还没有直接面向交通运输行业的国家级智库。虽然在交通运输新型智库联盟中，水路交通高端智库具有比较明显的优势，但距离国家前十位仍有较大差距，而且与水运行业的国际地位也极不相称。水路交通高端智库建设的首要任务是要着重在政策、学术、国际影响力上下功夫，力争打造成高端品牌智库。一是立足中国国情和水运业实际，不断提出具有影响决策、形成政策的研究成果，着力提升智库的政策影响力。二是对处于成长期的水路交通高端智库，则要练好内功，主动形成产品品牌系列，具备真才实学，不断提升智库的行业影响力。三是智库研究选题应当是前沿性和前瞻性较强的课题，研究成果应当具有理论和应用价值，在业界和学界都获得认同，加快提升学术影响力。四是中国航运已经走向国际航运舞台的中心，中国水路交通高端智库要出台一批具有国际视野的高质量研究成果，“走出去”影响世界，努力提升行业智库国际影响力。

8.1.3 形成竞争力强的水路交通高端智库产品体系

围绕水路运输、港口、水运经济、安全应急、环保节能、现代物流、智能航运、现代航运服务等重点领域，形成由航运发展报告、港口发展报告、水运经济运行信息发布、行业政策战略评述及展望、水上应急决策支持、港航绿色发展、IMO 国际海运规则与履约动态跟踪、港航企业变革、技术创新趋势分析、即时行业热点分析等组成的内容丰富、形式多样的产品体系。

倾力打造水路交通高端智库特色拳头产品，形成港航数据信息、港航系列指数、港航运行分析报告、港口综合绩效蓝皮书、水路交通决策参考、邮轮市场白皮书、绿色港口白皮书、危险货物运输发展年度报告、海员指数等具有决策影响力和社会影响力的特色产品，针对年度行业热点问题开展深入研究。

8.1.4 建立先进高效的水路交通高端智库研究平台

充分利用智库联盟，把水路交通高端智库建设纳入行业和水运研究机构发展规划，充分发挥示范引领作用。结合行业和水运研究机构信息化建设，建立条件完备的水运决策咨询需求信息库、科研知识库、数据库系统和与之配套的信息采集系统，实现与交通运输大数据信息交换和信息资源共建共享。特别是进一步挖掘共享科研机构内部数据资源、信息资源，对外拓展信息获取渠道。推动建立数据授权使用机制，不断完善量化分析工具和网络化分析工具，建立和完善行业发展的分析理论，改善科研环境，形成能够为行业发展和水运科学研究提供优质、高效服务的决策支持平台。

8.1.5 构建多渠道的水路交通高端智库成果发布平台

以报纸、网络、手机 App、简报为主要平台，以期刊杂志等传统纸媒为补充，建立与行业内外智库平台及决策部门有机衔接的沟通机制，做好水运政策研究、决策咨询、科研成果和信息的发布工作，并及时将研究成果和有价值的信息分送相关领导和部门参考。利用好水运协调会、航海日论坛、智库联盟，举办水路交通高端智库国际论坛，快速形成行业影响力。在努力办好现有期刊刊物的基础上，创办智库期刊，出版专集和丛书。

8.1.6 建立覆盖国内外的水路交通高端智库服务网络

加强国内网点布局和国际交流合作，不断提高水路交通高端智库的对外交流能力、话语能力和国际影响力。形成由大连、京津、青岛、上海、厦门、广深、新加坡、日本、韩国、欧洲、北美组成的覆盖国内沿海和主要国际航运中心的业务服务网络。初期考虑到现实基础和可能性，在国内外各选一点作为智库起步期业务服务网点建设重点。充分利用国际航运中心具有航运信息、人才聚集度较高、业务发展活跃的优势，高起点建设水路交通高端智库。国内网点可考虑与大学和典型水运智库等合作，在航运交易信息采集和数据分析、国际航运市场跟踪、船舶市场交易、航运金融市场等方面开展研究，考评办法参照上海国际航运研究中心。国外网点可考虑与国外港务局等机构开展合作，每年派出 1 人交流工作，工作期间兼顾收集行业信息，了解当地行业发展情况，建立国际联系等。

8.2 水路交通高端智库内部管理制度设计

8.2.1 建立开放的理事会和专家委员会制度

为了吸引国内外有实力的政府、企业、社会组织和个人投资建设或者给予水路交通高端智库经费项目支持，必须建立与之配套的水路交通高端智库管理体制。成立水路交通高端智库理事会，实行理事会决策管理机制，负责筹集资金、策划发展方向、决定重大事项和重要管理制度以及年度工作安排。组建专家委员会，邀请国内外顶级专家学者、职能部门在职和离退休领导和国外水运交通领域专家学者加入专家委员会。

8.2.2 建立与国内外高端智库的合作制度

利用专业和行业优势，不断扩大与国家级智库及国际水运领域高端智库的合作，积极参与建设国际水路交通高端智库联盟。充分利用行业内外智库资源和信息数据资源，吸引高端人才，逐步扩大与其他智库的合作范围，形成研究合力，以提高成果质量。结合事业单位改革，创新探索专兼结合、小机构与大网络的智库组织形式。加强与交通运输部规划院、交科院、天科院、海事局、救助打捞局、船级社以及大连海事大学、武汉理工大学、上海海事大学等单位合作。

8.2.3 尊重发展规律建立完善智库项目运作机制

传统研究机构向现代智库转型发展的过程，本质上是完善智库体系建设、提升研究能力的过程，是一个系统工程。应遵循智库发展规律，重点加强智库运作体系建设工作：一是建立完善水路交通重大政策研究选题机制。由水路交通高端智库领导、专家、行业权威和主管部门领导组成选题委员会负责研究项目的提出或选取。统筹规划长远和年度重点研究课题，提高精准选题的能力，使研究工作更加切合决策部门工作的主旋律。二是建立水路交通高端智库与交通运输决策机构开展合作研究机制，提高研究工作的针对性、实效性。对于涉及公共利益和人民群众切身利益的决策事项，要通过举行座谈会、论证会等多种形式，广泛听取行业内外智库的意见和建议，增强决策支持透明度和专家参与度。三是建立与社会开放互动的智库研究机制。与社会建立起广泛的联系与互动，形成智库的广泛社会影响。与政府、企业和大学建立起一套成型的互动机制，广开渠道吸收各方面的政策建议。通过机制体制创新，提高资源整合与借用外脑的能力，把各种优质的研究力量整合到智库建设工作中。在不断取得研究成果的同时，进一步提升水路交通高端智库在行业和领域的话语权和美誉度，促进水路交通高端智库的发展。四是建立完善项目成果考评机制，以理事会和专家委员会为评价主体，结合用户评价、同行评价、第三方评价，以质量、创新、贡献和影响力为导向，涵盖决策影响力、学术影响力、社会影响力、国际影响力的成果，建立质量综合评价体系。加强对水路运输政策执行情况、实施效果和社会影响的评估，建立政府部门对智库咨询意见的回应和反馈机制，促进政府决策与智库建议之间良性互动。五是加大对优秀智库成果的奖励和表彰力度，激发智库团队的研究积极性。

8.2.4 自主开展重大基础性课题和理论方法的创新研究

为更好更多地提供政策研究成果，除了结合各类课题、参与国家重大水运项目研究外，还应结合自身特点，充分利用多年来积累的大量项目研究资料，更深入、更聚焦地自主开展一系列重大基础性课题研究。通过每年编列经费支持，全面系统研究水运重点领域发展状况，分析存在问题及面临障碍，不断提高政策咨询成果质量，进一步增强政策建议的前瞻性、针对性和可操作性，并且积极开展研究工具、手段和理论方法的创新，不断提高专业化水平。

8.2.5 建立完善专家聘用和人才培养机制

优秀的研究团队是智库发展的根本，是核心竞争力所在。一般而言，智库对专业领域的人才有刚性需求，作为有特色的行业智库，需要各种类型的专家。一是需要逐步扩大各领域的人才数量，优化专业人才结构，建立多种形式的外部专家（特别是大型企业、政府机构、大专院校在职和离退休专家）聘用、合作、交流机制，广泛吸收业内专家学者作为水路交通高端智库专家团队参与研究。二是建立与国际知名智库交流合作与常态互访机制，积极参与国际智库对话和合作研究。三是建立智库人才有序流动的“旋转门”机制，推荐水路交通高端智库专家到行业管理部门、企业和国际组织任职，优先考虑对智库发展做出重要贡献的专家。四是提高自身培养人才的能力，产生一批具有较高造诣、较大影响力的专家学者。深化智库人才岗位聘用、职称评定制度改革，提高决策咨询类成果在考核评价中的权重，完善以品德、能力和贡献为标准的人才评价和激励机制，形成水路交通高端智库内部优胜劣汰、动态调整的竞争机制。

8.2.6 建立稳定的研究经费来源渠道和使用管理制度

探索建立多元化、多渠道、多层次的投入体系。水路交通高端智库经费来源主要包括政府服务、研究机构内投入、社会捐助、社会投资等四个渠道。政府服务收入主要来源于国家各有关部委的课题和政策咨询服务。这些项目需要通过政府采购或者委托研究，因此，应建立健全研究项目投标管理体系和委托研究管理体系，构建长期跟踪研究、持续滚动服务的长效机制。对于研究机构内投入，根据智库公益性非营利的服务特点，建立竞争性经费和稳定支持经费相协调的投入机制，设立智库建设专项资金。探索建立公益捐赠制度和来源渠道，鼓励企业、社会组织、个人捐赠资助水路交通高端智库建设。

制定符合智库发展规律和运行特点且有别于科研项目经费管理和使用的智库专项经费管理办法。合理确定专项经费支出范围，增加研究主体经费使用自主权，提高智力劳动在科研投入的比重，激发智库人员的积极性和创造性。为保证经费投入的有效性，在建立科学合理的公益性项目选题制度的基础上，建立完善项目预算管理制度、绩效考核机制，加强对经费使用的规范管理和审计。探索有利于智库人才发挥作用的多种分配方式，建立健全与岗位职责、工作业绩、实际贡献和人才权益相结合的薪酬分配制度。着重增加智力劳动在分配中的比重，以充分调动智库人才的研究积极性。

8.3 水路交通高端智库联盟建设模式选择

8.3.1 水路交通高端智库联盟的组建模式借鉴

学习借鉴智库联盟建设经验，有助于顺利推进水运行业智库联盟建设。

1）以国家战略为中心的综合性智库联盟模式

这类智库联盟一般由国家高层次机构或者智库牵头，围绕国家某一重大发展战略方针政策建立跨学科跨行业跨区域跨国境的智库合作模式，推动信息共享、资源共享、成果共享，更高水平发挥智库对于国家战略的支撑作用。这种模式的联盟规模具有权威性、综合性强、国际影响高、规模较大、智库层级较高、组织结构比较复杂、对于协调管理的要求比较高的特点。

如“一带一路”智库合作联盟，由中共中央对外联络部于2015年4月牵头，联合国务院发展研究中心、中国社会科学院、复旦大学成立。旨在为各研究机构搭建信息共享、资源共享、成果共享的交流平台，提高“一带一路”研究水平，同时具有解读政策、资政建言、推动交流的高端智库智能。拥有理事单位60多家，囊括了大部分国内对“一带一路”有权威研究的智库。理事单位包含上海国际问题研究所、中央党校国际战略研究所、社科院各涉外研究所、中国现代国际关系研究院、山东大学亚太研究所、云南大学国际关系研究院、南开大学周恩来政府管理学院、中国人民大学重阳金融研究院、察哈尔学会、零点研究咨询集团等。

2）以行业政策为核心的专业智库联盟模式

这类智库联盟一般由行业核心智库或政策研究机构发起成立，由行业内研究机构、大学及其他政策研究机构组成，目的是在合作共赢，推动行业健康发展。其特点是专业性强、关系密切、便于管理、规模适中、独立性较弱。

如交通运输新型智库联盟由交通运输部（政策研究室）发起成立，由交通运输及相关领域研究单位，在自愿、平等、合作、互利的基础上，组建的非营利的非法人研究联合体。智库宗旨是善谋善成，融通共享，守正创新，正本清源，传道解惑。第一届理事长为中国工程院院士郑健龙，执行理事长单位大连海事大学，顾问单位分别是中国社会科学院工业经济研究所、中国工程院战略咨询中心、国务院发展研究中心产业经济研究部，副理事长单位 9 个，理事单位 20 个，成员单位 15 个。

3）以航运为中心的专业特色智库联盟模式

这种智库联盟一般由专业特色水运智库发起，并承担智库日常工作，由国内外相近领域研究机构和企业智库组成。智库联盟具有规模较小、组织结构简单、交流比较方便、容易快速形成共识，以及专业性强、特色明显、国际影响力较高等特点。

如全球航运智库联盟（Global Shipping Tink Tank Alliance）由上海国际航运研究中心于 2016 年 12 月发起成立，旨在搭建一个各国航运智库间的交流合作平台，促进全球航运和港口业的健康发展，有力支持上海国际航运中心建设。联盟的主要功能是发挥平台作用，联合各国和地区的航运智库，深耕全球航运决策领域，放大航运智力支持能力，为成员共享研究成果、共商研究热点、加强区域间交流合作、共同寻找咨询研究市场，以及共同形成符合航运业发展的建议书提交国际组织和相关政府部门等。联盟得到了交通运输部水运局、上海市交通委员会、上海海事大学以及国际知名航运业界智库和研究机构的共同支持。由来自中国、新加坡、德国、美国、韩国、日本、意大利、瑞典、中国香港等 9 个国家和地区的 13 个智库机构组成。根据联盟《章程》，联盟设立主席和秘书处。

8.3.2 国际水路交通高端智库联盟组建模式建议

建议参照专业特色智库联盟模式，在交通运输部水运局、交通运输部规划研究院、交科院、水运院、天科院、水规院以及国内外其他水运研究机构和大学的支持下，由某一专业研究中心牵头，组建成立非营利的非法人研究联合体的特色鲜明的国际水路交通高端智库联盟。旨在搭建高层次的专业化水运科学研究与咨询的国际交流平台，打造具有国际影响力的水路交通高端智库品牌，促进全球港航业的加快恢复和健康发展。注重“国内国外”“行业内外”水运智库的贯通与协作，实现不同智库要素有效聚集和不同类型智库间的互动合作，提升服务水运行业决策能力与水平。其中联盟理事会作为指导水路交通高端智库建设的议事机构和评估机构，负责制定标准、成果评估、工作协调和规范管理，组织选题咨询论证，发布水运重大政策研究课题。

坚持改革创新，统筹智库管理是推动水路交通高端智库跨越发展的强大动力。充分发挥国际水路交通高端智库联盟作用，有效汇聚人才资源、信息资源和平台资源，推动水运行业智库优质资源的合理利用，建立智库协作机制，探索“大联合、大协作”的工作模式，积极参与协调研究。建立与国内外交通运输及相关行业智库有效衔接的机制。积极吸引水运系统外高端智库参与水运决策咨询服务，鼓励系统外有突出贡献的专家参与水运重大问题的咨询与建议。在项目招标、政府采购、直接委托、课题合作等方面，积极吸引系统外高端智库参与。

8.4 水路交通高端智库行业管理制度设计

8.4.1 建立统筹水路交通高端智库的行业组织

行业组织机构设置是水路交通高端智库运行管理的基础，水路交通高端智库所属不同类型智库因所在地区和行业、组织属性、隶属关系、组织规模和研究领域等方面的因素各有差异。要把这些具有不同特色的智库组织管理成为一个复杂的系统工程，需要做好以下两方面的工作：一方面，在水路交通高端智库建设的进程中，需要行业管理部门、行业协会等积极协调。另一方面，需要行业内外水路交通高端智库积极参与，共同建立水路交通高端智库行业组织机构，全面负责水路交通高端智库和国际水路交通高端智库联盟的建设和发展的顶层设计，实现统筹规划、科学管理，以凸显水路交通高端智库的特色及水平。

8.4.2 组建水路交通高端智库行业领导机构

由行业主管部门政策管理机构牵头，组建水路交通高端智库行业领导机构或者国际水路交通高端智库联盟理事会，统筹协调水运行业智库研究资源，推进水路交通高端智库建设工作，注重“行业内外”智库不同理事单位的贯通与协作，实现不同智库要素有效聚集和不同类型智库间的互动合作，提升服务水运决策能力与水平。其中，国际水路交通高端智库联盟理事会作为指导议事机构和评估机构，负责定标准、做评估，加强智库的统筹协调和规范管理；组织咨询论证，发布水运行业重大政策研究选题；组建水路交通高端智库人才储备库，分领域聘请首席专家等。

8.4.3 设立水路交通高端智库日常管理机构

国际水路交通高端智库联盟理事会下设秘书处，作为常设机构具体承担水路交通高端智库建设的事务性工作。以行业智库自律为主，制定和发布水路交通高端智库建设规划和规章制度，协调水路交通高端智库以及与其他各类智库的合作研究。组建和发展专家人才库，搭建智库交流平台。汇总和发布决策需求信息，参与和配合党政机构的各项主题活动，针对热点问题举办培训、研讨、论坛等活动。定期收集智库研究报告，建立成果发布平台，提供菜单式政策咨询服务。负责智库的管理、评估和审计工作，每 3 年对入选的新型智库进行一次综合评估，对于存在重大问题的提示整改，对于整改仍不到位的根据行业自律原则劝其退出。

8.4.4 实行水路交通高端智库实体化管理

推动水路交通高端智库实体化管理，实行首席专家负责制，成立学术委员会，逐步完善内部治理结构及组织章程。水路交通高端智库实体化要按照服务决策、适度超前的要求，根据自身研究专长和优势，制定中长期研究规划，确定相对稳定的研究领域，定期向国际水路交通高端智库联盟理事会秘书处提交高质量、有较强决策参考价值的研究报告，形成持续跟踪研究的长效机制。水路交通高端智库要加强与有关管理部门的沟通联系，及时了解重大决策需求和信息，积极参加有关部门组织的论证会、座谈会、协商会、听证会等活动，拓宽决策咨询服务的方式和范围，更好地服务于政府、行业、社会组织等。

8.4.5 建立健全水路交通高端智库行业管理制度

在明确行业管理部门和协调机构的基础上，制定统筹规划水路交通高端智库的建设和管理的相关制度。加快建立和完善水路交通高端智库的建设标准和管理办法，对各类智库进行分别认证、分类管理，制定智库机构的经费投入管理、干部队伍管理和专业人才管理制度，完善智库机构的课题立项、课题结项等各项管理办法，推进水运行业智库规范化发展。建立适合水路交通高端智库机构考核评价办法，以核心竞争力作为考核评价智库机构的关键指标和重要内容，引导和促进水路交通高端智库高质量发展。建立水路交通高端智库建设统计分析制度，建立完善数据库，定期分析评估智库建设和发展情况，采取针对性措施，提升智库建设和发展水平。

1）建立激励与约束相统一的经费管理制度

我国智库经费大多来自政府的财政，与国外智库有很大不同，因此交通运输智库管理部门应探索建立和完善符合智库运行特点、鼓励思想创造、尊重智慧劳动、体现成果价值、使用严格规范的经费管理办法。水路交通高端智库专项经费的管理和使用，应当坚持“稳定支持、激励创造、绩效导向、专款专用”的原则，建立规范高效、公开透明、监管有力的经费管理机制。建议行业设立水路交通高端智库建设专项经费，主要用于支持水路交通高端智库开展决策咨询研究工作。按照稳定支持为主、竞争性配置为辅的经费投入的思路，健全竞争性经费和稳定支持经费相协调的投入机制，探索建立多元化、多渠道、多层次的投入体系，积极吸引企事业单位、社会组织、国际机构、民间资本和个人等投入建设水路交通高端智库。鼓励水路交通高端智库利用服务性收入、社会捐赠资金和多元化投入资金等设立智库发展基金，用于开展政策研究、创新评估工程、专家教育培训等。

支持水路交通高端智库根据建设发展计划，合理编制经费年度预算及中长期预算，保障智库的可持续发展。以《国家高端智库专项经费管理办法（试行）》为依据，积极借鉴国家自然科学基金资助项目资金管理办法，建立放管结合、激励控制相结合的水运行业智力补偿机制，既允许智库在法律规定的范围内自由支配经费，又要对其资金使用的流程及合规性进行统一管理。同时增加研究团队使用经费自主权，发挥绩效支出的激励作用，激发智库研究人员活力。最后，要完善水路交通高端智库财务管理和审计监督制度，规范财务公开制度和流程，强化考核问责制度。

2）建立绩效与导向相统一的人才管理机制

人才是智库的核心要素，智库的竞争力和影响力都取决于人才，坚持以人为本是增强新型智库向心力和凝聚力的关键。因此，要想促进水路交通高端智库的建设，必须建设一支实力雄厚、结构合理的人才队伍。

——推动水路交通高端智库建立开放、竞争、流动的人才队伍。建立智库与政府人才流动的"旋转门"制度。一方面，可以借鉴胡佛研究所的人才管理经验，人才选拔的范围应涵盖高校、科研院所及具有丰富决策咨询经验、社会知名度高的退休或离职党政官员、公司企业的高层领导人、资深的民间研究人员等，促进官、产、学、研人才交流，不断丰富智库人员结构。各个层面的人才积累，能够形成多学科交叉的背景，面对现实问题时能够从多角度出发，得出更全面和更权威的研究成果。另一方面，积极创造条件，推荐水路交通高端智库专家到主管部门司局、企事业单位以及各地水运管理部门（党、政、军部门）任职、挂职和兼职，推动党政机关和智库之间人才的有序流动，提高智库人才实际操作能力和领导干部科学决策能力。根据美国智库的经验，美国智库的政策咨询决策之所以能够得到政府的关注，很重要的一点就是智库内部人员的多学科背景的整合极为高效，智库中的"官民转换""官民结合"灵活而通畅。布热津斯、基辛格在进入白宫前，都曾在专业的智库任职，离开白宫后又重回智库工作，所以美国的智库精英不仅有政府工作经验又能了解公众的需要。而我国智库多数人员缺少政府部门的工作实践经验，对决策层需求的把握不够清晰，政策咨询的可操作性和现实性不够，积极推动智库专家到政府部门任职锻炼，有助于快速提高水路交通高端智库的发展质量。

——推动智库建立符合规律和国家政策的用人制度。鼓励水路交通高端智库合理配置固定研究人员和流动研究人员的数量，实行"小机构，大网络"，专职与兼职相结合的机制。专职人员可长期聘用，保持相对稳定。同时积极为固定的研究人员提供定期的培训，以开阔其知识视野和增强其研究能力，从而使研究人员能更好地从事学术研究活动。鼓励聘用兼职科研人员，推行访问学者、客座教授、博士后工作站等流动科研岗位制度。采取"专家＋团队"的管理模式，实行动态管理。增加水路交通高端智库内的国际人员或者国外资深智库人员的比例，产生"鲶鱼效应"，活跃研究思维，更利于水路交通高端智库扩大国际影响力。同时充分利用驻外机构、驻外企业、驻外人员和学生等资源，提高智库掌握外部信息的能力。

鼓励水路交通高端智库健全与岗位职责、工作业绩、实际贡献紧密联系的内部分配和激励机制，充分体现智力劳动价值，调动智库人才积极性。智库所聘用人员的薪酬待遇应当与国民经济发展相协调、与社会进步相适应，保持合理水平。完善新型智库研究人员职称评定办法，提高决策咨询类成果在考核评价体系中的权重，不能用传统的“职称晋升标准”或科研奖励机制来评价，要结合新型智库的实际情况，从评价主体和评价对象两方面进行创新，推进职称评定与岗位聘用有机结合。建立水路交通高端智库优秀人才激励机制，对决策咨询做出突出贡献的研究人员，按照国家有关规定给予表彰。同时认真落实知识产权利益分享机制。

3）建立定量与实效相统一的成果管理机制

智库成果的传递渠道和转化效率是智库成功的关键。因此，水路交通高端智库建设过程中，应加大力度完善智库成果的报送传递机制，拓展智库成果的转化传播渠道，进一步提升智库的影响力。

——推动智库建立高效畅通的成果报送和传递机制。一方面建立水路交通高端智库成果报告制度，规范完善成果报告的时限、范围、形式和流程，定期向水运管理部门和智库联盟秘书处提交一定数量的高质量、有较强决策参考价值的研究报告。研究报告要主题鲜明、资料翔实、分析深刻、对策具体、逻辑严密，有较强的决策参考价值。另一方面建立一套高效畅通的成果报送和传递机制，水路交通高端智库通过既定渠道将重要研究成果报送水运管理部门和智库联盟秘书处，涉密成果按保密规定报送；其他各类智库拟报送水运管理部门的研究成果，由智库联盟秘书处统一报送。

——推动智库建立科学合理的成果转化和传播机制。首先，水运管理部门在党委和政府决策、政策法规制定、重要文件起草、重大工程项目论证及风险评估等方面，应高度重视、认真研究吸纳水路交通高端智库提出的咨询建议，并及时反馈采纳和运用情况，同时完善成果激励机制，对决策产生重大影响的优秀成果加大奖励力度。其次，加强水路交通高端智库成果交流转化，举办水路交通高端智库论坛，建立成果发布平台，发挥刊物在智库建设中的作用，出版智库成果专集，打造引领行业、影响广泛的智库成果品牌，增强智库的社会影响力。最后，水路交通高端智库要积极与媒体进行合作，打造战略合作伙伴关系，加大对水路交通高端智库建设和成果的宣传推介力度，充分利用出版媒介、新闻媒体、各类论坛、蓝皮书等形式，通过举办各类媒体吹风会、成果发布会、研讨会、高端论坛、宣讲会等活动推广智库成果，积极发挥智库及专家在阐释交通战略、解读水运政策、剖析水运热点、发出水运声音、引领社会舆论方面的宣传引导功能。最后，要坚持内外有别，严格遵守国家保密规定。对于涉及国家安全、科技机密、商业秘密、军事机密等方面的资料数据和研究成果，必须按规定确定密级和报送范围，不得公开发布。对于委托研究课题、向智库联盟秘书处或有关部门报送的材料，未经授权不得公开或发表。

——建立广泛与深度相统一的国际交流与合作机制。智库国际化、全球化是智库发展的趋势。目前我国智库普遍缺乏在国际舞台上发出声音的能力，国际合作与交流较为滞后；与国外智库之间的合作发展也不够。因此，水路交通高端智库的建设应该站在全局的高度认真研究水运发展，不仅对我国重大水运热点现实问题进行研究，也要在国际水运焦点问题上予以关注并发表自己的见解，积极在国际水运、海事事务的交流中发挥引领作用，树立国际视野、开放思维，坚持以我为主、为我所用，积极开展国际合作与人员交流，增强国际竞争力和国际影响力，提升中国水运软实力和国际话语权。

（1）推动智库建立深度合作的运行机制。一方面鼓励水路交通高端智库要加强对外传播能力和话语体系建设，通过智库间互访、跨国研究项目、举办国际化学术研讨会，参加国际智库平台对话或高峰论坛，对内、对外翻译出版研究（智库）成果，以及接受访谈、发表演讲、开办外文网站等多种形式，积极参与全球水运合作，在国际舞台上讲好中国故事，传播好中国声音。另一方面鼓励水路交通高端智库开展与国际知名的水运研究机构合作研究，积极参与国际学术组织和国际科学计划，深度参与国际规则与标准制定，完善水运双边、多边合作机制，提升参与重大国际议题设置、国际规则制定、国际协商谈判的能力和水平，不断提升水路交通高端智库国际影响力，培育智库人才国际视野。

（2）推动智库建立广泛交流的运行机制。一方面鼓励水路交通高端智库坚持引进来与走出去相结合，积极吸纳海外友好知名专家、学者和企业家等优秀人才，同时要推荐智库知名专家到有关国际和地区组织任职，建立中外智库人员常态化互访机制，了解和掌握国外的政策研究动态，以人员交流促进思想交流、信息交流。另一方面要简化智库外事活动管理、中外专家交流、举办或参加国际会议等方面的审批程序。按照《外交部、科技部、财政部关于对部分科研人员因公临时出国实行分类管理的意见》规定的五类科研任务，对水路交通高端智库研究人员实行分类管理，不计入本单位和个人年度因公临时出国批次限量管理范围，出访团组、人次数和经费单独统计。

4）建立科学与竞争相统一的智库考核评估体系

智库评估是检验智库价值和效果的有效方式，关乎智库的发展方向，影响着智库的科学化进程。智库评估的过程需要吸纳多方面的评估主体，发挥各自优势，发扬民主，促进科学。因此，要以质量创新、实际贡献和社会效益为主要标准，建立一套涵盖决策影响力、学术影响力、社会影响力、国际影响力等内容的综合评价体系，采用用户评价、同行评价、第三方评价相结合的评价方式，增强评估结果的科学性、客观性和权威性。

智库联盟统一制定《水路交通高端智库智库绩效评估细则》，每3年对入选的水路交通高端智库进行一次综合评估，评估合格的继续予以支持，不合格的动态调整，形成优胜劣汰、动态调整的竞争机制。智库联盟理事会秘书处每年对水路交通高端智库进行年度绩效考核，水路交通高端智库应按规定向秘书处报告年度工作计划和年度总结、研究成果、人员聘用情况、国际合作与交流情况、专项经费分配方案和决算等。

水路交通高端智库研究成果得到主管部门重视和肯定，或被有关部门采纳，每年报送决策咨询报告的数量及其被刊发情况，以及接受访谈、发表演讲、主办研讨会及发表相关学术研究论文的数量和级别，将作为年度绩效考核和3年综合评估的重要依据。对于水运决策做出重要贡献的智库，在经费投入方面予以重点支持，并按照国家有关规定给予表彰奖励。

5）建立决策与咨询相统一的良性互动机制

平台建设是水路交通高端智库建设的基础，建立起水路交通高端智库与政府决策层之间的交流合作平台，有助于把公共政策咨询这一环节纳入公共决策体制，逐渐形成水路交通高端智库对行政决策的常态化和机制化参与，充分发挥水路交通高端智库"参谋"的作用。

——探索智库参与重大决策、重大政策的评估机制。一是除涉密及法律法规另有规定外，水运重大改革方案、重大政策措施、重大工程项目等决策事项出台前，坚持把决策咨询作为水运重大决策的必经程序。二是涉及公共利益和人民群众切身利益的决策事项，探索建立水路交通高端智库参与重大决策论坛、座谈会、听证会、文稿咨询等机制，增强决策透明度和专家参与度。三是对水运政策执行情况、实施效果和社会影响也要组织智库专家评估，探索建立主管部门内部评估与水路交通高端智库评估相结合的评估模式，增强评估结果的客观性和科学性。四是探索建立主管部门对智库咨询意见的回应和反馈机制，促进水路交通高端智库与各级党委政府的良性互动，充分发挥智库资政作用。最后，鼓励各级人民代表大会和政协委员、政府顾问参与水路交通高端智库的研究，开展广泛的合作。

——建立健全政府购买决策咨询服务机制。政府向水路交通高端智库购买决策咨询服务，对于探索水路交通高端智库思想产品产业化，发挥水路交通高端智库集群效力具有重要作用。首先，探索建立常态购买机制，使政府购买智库决策咨询服务需求常态化。本着公开、透明的原则，积极将水路交通高端智库服务纳入政府采购范围，凡属水路交通高端智库提供的咨询报告、政策方案、规划设计、调研数据等，均可纳入政府采购范围。其次，建立和完善按需购买程序，在采购过程中采取以事定费、公开择优、优先购买、合同管理等机制，采用公开招标、邀请招标、竞争性谈判等多种方式购买，稳步推进提供服务主体多元化和提供方式多样化，满足政府部门多层次、多方面的决策需求。最后，要通过媒体监督、公众监督、智库自律组织的途径加强相关监管和评价，明确购买方和服务方的责任和义务，将智库对政策方案的事前咨询、事中监督和事后反馈常态化、规范化。

——建立健全信息资源与成果应用共享机制。一是建设智库需求信息平台。准确、全面的政策信息是智库进行政策问题搜寻、政策问题界定、政策问题分析及政策方案设计的必要条件和前提。水运管理部门要强化信息公开制度，完善政府信息公开方式和程序，统一公布重大决策咨询需求信息及中长期发展研究计划等信息，为智库开展决策咨询研究活动提供指导。

二是建设智库数据共享平台。水路交通高端智库的政策研究，必须有大量来自一线的数据。水运管部门要依法主动地定期向社会及研究机构发布研究相关的专业性强、准确度高的资料和数据信息，构建大数据信息交换与共享平台，使水路交通高端智库都能公开获得开展决策研究所需的数据和信息，以便能更准确地从数据中了解到行业发展态势和趋势，并从数据中发掘关键问题与紧迫问题，提高研究成果的现实针对性。

三是建设智库成果应用平台。信息资源和决策需求是水路交通高端智库赖以生存的根基，而成果应用则是扩大其影响力、增强其生命力的重要途径。一方面水路交通高端智库应定期集中汇总决策研究成果，把科研成果印刷成报刊或者书籍、报告等形式，依据成果所属领域、重要程度、涉密情况等，分送相关领导或有关部门参考，搭建起智库成果有效应用的平台。另一方面智库联盟理事会要主动建设智库网站等新媒体平台，提供超市式的政策信息服务，不断完善水路交通高端智库的影响力和系统性，并组织出版“水路交通高端智库系列丛书”。

第9章

政策建议与保障措施

水路交通高端智库的发展要与政治经济社会的发展相一致，离不开健全的政策环境、法治环境、社会环境的保障。为保障水路交通高端智库建设，形成全局化、长远化、持续化、长效化的智库产品供给能力，需要政府提供制度化、法制化的决策咨询环境，强化制度的牵引作用和链接功能，推动水路交通高端智库走上健康发展的轨道。

1）优化水路交通高端智库政策环境

一是优化智库发展政策。随着现代决策的科学性、专业性、系统性的增强，迫切需要将“谋”“断”分离开来，将智库引入水运公共决策过程之中。二是优化智库管理政策。搭建决策咨询的公共竞争平台，制定公平竞争的“游戏规则”，规范科研项目的招投标及评估程序。

2）完善水路交通高端智库管理环境

良好的智库管理环境，有利于推动水路交通高端智库行为依法依规、规范开展。完善依法管理环境，主要应从以下几方面着手：一是明确水路交通高端智库的法律地位，促进其依法提供研究咨询成果。二是加强对水路交通高端智库行为的合法合规性监督，既要提供宽松的智库法制环境，又要严格按照法定权限、法定程序和法治精神对智库进行管理。对于违反相关法律法规的智库，要依法追究其法律责任。三是以法治理念引领水路交通高端智库规范建设。通过具体的行业规范保护水路交通高端智库的快速发展。

3）营造水路交通高端智库社会环境

一要鼓励创新包容，提升社会文明素养。努力构建包容的研究环境，发展包容文化，提倡包容精神，让不同领域、不同群体、不同方向的智库思想多元交汇和整合，发挥好水路交通高端智库这一“最强大脑”的资政作用。二要借助多种渠道，向公众推广水路交通高端智库的思想和观点，不断取得公众广泛理解与支持。让社会公众能够主动、踊跃地参与到水路交通高端智库日常开展的社会调查、问卷、访谈、咨询等各类研究活动中来，使智库研究更接“地气”，使智库成果更得“民心”，拉近水路交通高端智库与公众的距离[1]。

[1] 朱建波，孙煜，吴绍山．新型智库体系的运行和保障机制研究 [J]. 智库理论与实践，2017（4）：16-22.